Inventário Moral

Ricardo Rangel de Andrade

Inventário Moral

Confidências de um promotor de justiça

© Ricardo Rangel de Andrade, 2024
Todos os direitos desta edição reservados à Editora Labrador.

Coordenação editorial Pamela J. Oliveira
Assistência editorial Leticia Oliveira, Jaqueline Corrêa
Projeto gráfico Amanda Chagas
Capa Heloisa D'Auria
Diagramação Nalu Rosa
Preparação de texto Amanda Gomes
Revisão Cris Negrão

Dados Internacionais de Catalogação na Publicação (CIP)
Jéssica de Oliveira Molinari - CRB-8/9852

Rangel de Andrade, Ricardo

Inventário moral : confidências de um promotor de justiça / Ricardo Rangel de Andrade.
São Paulo : Labrador, 2024.
224 p.

Bibliografia
ISBN 978-65-5625-555-2

1. Promotores públicos – Brasil – Memórias autobiográficas
I. Título

24-0821   CDD 24-0821

Índice para catálogo sistemático:
1. Promotores públicos - Brasil

Labrador

Diretor-geral Daniel Pinsky
Rua Dr. José Elias, 520, sala 1
Alto da Lapa | 05083-030 | São Paulo | SP
contato@editoralabrador.com.br | (11) 3641-7446
editoralabrador.com.br

A reprodução de qualquer parte desta obra é ilegal e configura uma apropriação indevida dos direitos intelectuais e patrimoniais do autor. A editora não é responsável pelo conteúdo deste livro. O autor conhece os fatos narrados, pelos quais é responsável, assim como se responsabiliza pelos juízos emitidos.

Para aqueles a quem, intencionalmente ou não, causei danos. Peço-lhes perdão.

Aos membros do Ministério Público, meus colegas, em reconhecimento pelo trabalho realizado, e não com o propósito de atenuar as justas críticas que virão com a leitura deste livro. Peço-lhes licença e desculpas antecipadas.

*Quando uma pessoa repreende
a si mesma, ela pode fazê-lo
em voz alta.*

(DITO CHASSÍDICO)[1]

---

1 WEITMAN, Rabino Y. David. *A arte de ser mais gente: aperfeiçoando nosso caráter*. São Paulo: Maayanot, 2009, p. 14.

Durante anos pessoas foram levadas à minha presença para que eu as acusasse. Fiz isso, pedindo que fossem submetidas a julgamento, conforme o rigor e as exigências da lei. Agora é a minha vez de ser julgado. Rogo que me julguem com a benevolência que tantas vezes neguei aos que acusei.

Nota introdutória: as breves narrativas avulsas que compõem este livro retratam situações e questões morais relacionadas a crimes e julgamentos. Não digo que as histórias aconteceram como descritas, mas lhes asseguro que tampouco são pura ficção. Baseiam-se em fatos que tomei parte ou conhecimento durante um quarto de século como promotor de justiça. Atire a primeira pedra quem, no exercício dessa função, não praticou os comportamentos e as atitudes aqui expostas ou foi tentado a praticá-las; e fica o desafio para que algum nobre defensor, instituindo-se confessor de si mesmo, faça também um exame de consciência *em alta voz*.

TITULO XII.

Do Prometor da Justiça da Casa da Sopricaçam.

O PROMETOR da Justiça deue seer Letrado, e bem entendido pera saber espertar, e aleguar as causas, e razoẽs que pera lume, e clareza da Justiça, e pera inteira conseruaçam della conuem, ao qual Mandamos que com grande cuidado, e deligencia requeira todas as cousas que pertencem aa Justiça, em tal guisa que por sua culpa, e negrigencia nom pereça, porque fazendo o contrairo, Nós lho estranharemos segundo a culpa que nello teuer.

TRANSCRIÇÃO:

TITULO XII.

Do Prometor da Justiça da Casa da Sopricaçam.

O PROMETOR da Justiça deve ser Letrado, e bem entendido pera saber espertar, e aleguar as causas, e razões que pera lume, e clareza da Justiça, e pera inteira conseruaçam della conuem, ao qual Mandamos que com grande cuidado, e deligencia requeira todas as cousas que pertencem aa Justiça, em tal guisa que por sua culpa, e negrigencia nom pereça, porque fazendo o contrairo, Nós lhe estranharemos segundo a culpa que nello teuer.[2]

---

2 Texto original extraído de: PORTUGAL. *Ordenações Manuelinas*, 1514, Livro 1, Título XII. Disponível em: https://www.mpsp.mp.br/memorial. Acessado em: 11 dez. 2023.

*Enquanto calei os meus pecados,
envelheceram os meus ossos.*

(SALMO 32,1-5)

Quando me formei na faculdade não sabia que a maldade do homem era muito grande sobre a terra, nem conhecia o verdadeiro sofrimento. O Ministério Público foi, por assim dizer, a minha Árvore do Conhecimento, onde provei do fruto proibido. Quem me dera retornar à inocência perdida...

SUMÁRIO

PARTE UM

INÍCIO DA VIDA PÚBLICA DO PROMOTOR DE JUSTIÇA, O FILHO DA LEI — 15

Batismo — 15
Duelo — 17
Alquimia — 20
Cegueira deliberada — 23
Carimbo — 24
Sintonia I — 26
Sintonia II — 27
Testemunho — 29
Hermenêutica — 31
O direito de acusar — 34
O óbolo da dúvida — 35
Disfarce — 39
Joio — 41
Liturgia — 44
Escravo — 46
Inexorável — 55
De cátedra — 61
Permuta — 63
Status quo — 66
Contramão — 68
Implacável — 71
Mordaça — 75
Fenda — 80
Negação — 82
Pilatos — 92
Falácias de um réu confesso — 97

PARTE DOIS

LIÇÕES — 111

Papéis — 111
Vício — 116
Culpado — 119
Oximoro — 121
Desvio — 122
Equivalência — 124
Produto — 126
Self x Selva — 128
Pagamento — 134
Eclipse — 136
Ladra — 139
Borracha — 140
Profilaxia — 143
Miragem — 146
Simulacro — 153
Encruzilhada — 156
Vizinho — 160
Cor — 164
Sermão — 167

PARTE TRÊS

RETORNO — 173

Justificado — 173
Beca — 175
Antagonismo — 177
Ceticismo — 180
Causo — 182

Queda ———————————————————————— 190
Quinto mandamento ——————————————— 193
O filho rebelde ———————————————— 194
Mutação ——————————————————————— 197
Metanoia ——————————————————————— 201
Escada ————————————————————————— 210

REFERÊNCIAS ———————————————————— 215

PARTE UM

Início da vida pública do promotor de justiça, o filho da lei

Batismo

Era seu primeiro julgamento. O jovem promotor de justiça, ainda deslumbrado com a autoridade e o poder dos quais havia sido recentemente investido, estudou o processo com fervor de noviço; e viu que toda a prova se resumia à confissão do réu na delegacia de polícia: um termo com a assinatura dele admitindo ter cometido o assassinato. Daí para a frente, o réu negou a acusação, alegando que confessara o crime sob tortura. Também estavam lá, no processo, os antecedentes criminais do réu: uma condenação por roubo e duas por tráfico de drogas.

Na faculdade e nos livros, o jovem promotor havia aprendido que não se deve julgar e punir alguém pelo que é, e sim pelo que fez. Mas igualmente lhe ensinaram que o Estado tinha prioridade sobre o indivíduo, e o réu era um traficante de drogas! Além de assaltante! Um inimigo, pois, do Estado e da sociedade! Ainda por cima tratava-se de sua estreia na tribuna! Muito motivado e ansioso, o interesse psicológico do promotor de justiça inclinava-o a acreditar na acusação de homicídio. Ou melhor, só lhe interessava a condenação. Dispunha, porém, apenas de uma isolada e claudicante confissão de culpa do acusado feita perante policiais — sem motivo aparente e passível de suspeita. Carecia, assim, de provas mais fortes. Um único indício a mais que fosse. Procurou obsessivamente nos autos do processo. Não encontrando nenhum sinal, pegou um atalho até achá-lo em sua mente: a inocência do réu não combinava com sua vida pregressa criminosa; eram incompatíveis. E se era autoevidente a capacidade dele de delinquir pela ficha criminal, "que necessidade temos ainda de testemunhas?"[3].

Achada essa pepita probatória, tratou de lapidá-la. Juntou ao processo um relatório policial dizendo que o réu era uma pessoa perigosa, com personalidade voltada para a prática de crimes, que aterrorizava a região, e que as testemunhas não depuseram contra ele por medo. Em arremate, a modo de adorno na pepita lapidada, só faltava acrescer um apelido difamatório ou jocoso após o nome do réu: capeta, larápio, tarado ou algo parecido. Era importante que o vissem não apenas como réu, mas também como uma ameaça; um atentado ambulante contra a vida e o patrimônio das pessoas. Feito isso, dissociando a moral da razão, e com a razão a reboque do desejo, o jovem promotor seguiu para o julgamento, determinado e eufórico.

Estava no caminho certo para uma bem-sucedida carreira. Prediziam-lhe um magnífico futuro. Seu êxito rendeu-lhe sentimento de satisfação e de valorização, bem como a auto-

---

[3] Mt 26,65.

confiança necessária para novos desafios, tanto que nunca esqueceu esse julgamento — sua pia batismal. Somente décadas mais tarde, numa espécie de reflexão excessivamente tardia, sem aquele ardor juvenil que talvez tenha contribuído para lhe prejudicar a objetividade, percebeu que saíra vencido do julgamento, e não vitorioso, pois o dilema enfrentado nele não era probatório, e sim, de outra natureza: moral. Então, esse julgamento primevo — marcado pela voz da lei, o batismo de seu representante (o promotor de justiça), mas sem a descida sobre ele do espírito, o discernimento —, em vez de significar um rito de iniciação ou passagem para uma vida afortunada e virtuosa, fê-lo cultuar a busca por reconhecimento e prestígio.

DUELO

Eticamente,

> é errado exaltar as boas características do produto que você está vendendo enquanto permanece calado em relação aos seus defeitos. Da mesma forma que você se sentiria traído se alguém o enganasse dessa maneira, você não deve enganar o próximo[4].

No tribunal do júri, então, o erro é a regra. Defensores omitem qualquer coisa negativa sobre o réu, ou que possa prejudicá-lo, e inventam todo tipo de desculpa para isentá-lo de culpa. Chegam a esquecer que matar um homem é crime;

---

4   TELUSHKIN, Rabino Joseph. *O livro dos valores judaicos: um guia diário para uma vida ética*. São Paulo: Virgiliae, 2015, p. 469.

apagam da memória que "a perda de uma vida é a tragédia suprema"[5]. Por outro lado, promotores de justiça procuram exaltar o que lhes convêm para condenar o réu, fazendo pouco caso das provas que atrapalham a acusação. Na boca de ambos, "uma meia-verdade vira uma mentira completa"[6]. Mentira completa e sincera.

Nesse dia, tudo caminhava para um desfecho diferente. Era possível que o réu fosse o assassino, mas não havia provas suficientes de seu crime. Convicto, o promotor de justiça incumbido de acusá-lo pediu a absolvição; à sua fala, seguiu a do advogado de defesa, que obviamente concordou com o pedido; e, não havendo divergência, o julgamento deveria terminar por aí.

Todavia, o defensor foi além — talvez, no afã de afastar uma certa sensação de inutilidade diante da acusação "retirada", quisera mostrar serviço, mostrar a que veio, justificar — quem sabe? — os honorários pagos pelo cliente. Disse que o acusado, processado sem provas, sequer poderia estar sentado no banco dos réus. Por causa desse abuso, sofrera danos morais irreparáveis. Submetido a um calvário pessoal e processual, a honra dele fora conspurcada. Seu nome, atirado, para todo o sempre, à lama. Uma irresponsabilidade deplorável, uma injustiça atroz. Falou inclusive em indenização devida pelo Estado ao réu; e, apontando o dedo na direção do promotor de justiça, bradou que o responsável por todo esse suplício estava ali, o mesmo que agora reconhecia a inocência de seu cliente e desistia de acusá-lo.

---

5   BUNIM, Irving M. *A ética do Sinai: ensinamentos dos sábios do Talmud*. São Paulo: Sêfer, 2001, p. 256.
6   Idem, p. 469.

PARTE UM : INÍCIO DA VIDA PÚBLICA DO PROMOTOR DE JUSTIÇA, O FILHO DA LEI

A parcimoniosa polidez entre os oponentes (promotor de justiça e defensor), que até então era um fino verniz a encobrir uma latente hostilidade, esfarelou-se. Encarando o promotor de justiça esse repto lançado pelo defensor como um ataque pessoal — um desacato, para ser mais preciso —, sentiu-se ofendido e ferido em seu brio. Tamanho desaforo no Fórum? A sentinela da lei e da moral — juízo que o promotor de justiça fazia de si mesmo — não podia deixar barato. Impunha-se uma desforra. Se não tinha ânimo para condenar, repugnava-o passar por incompetente ou desonesto. Afirmou assim que, embora inexistissem provas para condenar o réu, tampouco havia provas de que era inocente, ou seja, absolvição por falta de provas não equivale à inocência. E o réu não estava lá por acaso, à toa; evidências circunstanciais justificavam submetê-lo a julgamento: a ameaça à vítima no dia anterior ao assassinato, a tentativa de ocultar a amizade que ele tinha com outros cúmplices envolvidos no crime, a existência de ligações telefônicas entre eles (réu e cúmplices), integrantes da mesma gangue, a aparência física, cor e altura do réu, que eram semelhantes às da pessoa indicada por uma testemunha ocular como um dos assassinos, uma denúncia anônima que apontava o réu como um dos que participaram do homicídio e, por fim, os antecedentes criminais indicando que o réu havia sido preso e processado pela prática de outros crimes: roubo, porte de arma de fogo e tráfico de drogas. Tudo a demonstrar que ele, o réu, *de facto*, era capaz de matar — não se trataria de um espisódio isolado, mas, sim, expressão de seu *modus vivendi*.

Se antes a absolvição era certa, depois disso a incerteza assomou no tribunal. Mas o veredito já não importava tanto. Isso tinha ficado em segundo plano. Em primeiro, no centro do julgamento, estava o confronto entre acusação e defesa, ou melhor, a reputação, o orgulho e a imagem dos protagonistas do embate: o promotor de justiça e o defensor, em meio a um vale-tudo verbal e gestual (ameaças, um "cala a boca" aqui e acolá, dedos em riste etc.). Quando crianças, se tivessem esse

> tipo de comportamento em casa, na escola ou na rua, provavelmente educadores — usualmente, pais, irmãos, vizinhos ou amigos —, tratariam de admoestá-los. E o que diriam? Provavelmente as recomendações seriam as seguintes: "não é assim que se faz", "respeite seu amiguinho", "papai do céu não gosta"[7].

Já adultos, seus excessos geralmente são desculpados, confundidos com "personalidade forte".

De toda sorte, escanteado, coube ao réu o papel de coadjuvante, como não raro acontece.

ALQUIMIA

O réu era acusado de matar uma pessoa e atentar contra a vida de outras duas, ou seja, de três crimes: um homicídio consumado e dois tentados. Segundo a denúncia, ele havia irrompido na casa de um desafeto para matá-lo. À porta, encontrando primeiro o irmão do rival, deu-lhe uma facada nas costas, a fim de abrir caminho (1º crime: tenta-

---

[7] SILVA, Deonísio da. *Ôrra, meu!: a língua nossa de cada dia: como ler, escrever e comunicar-se com elegância e simplicidade.* São Paulo: Edições 70, 2023, p. 253.

tiva de assassinato). Depois, atirou no seu inimigo, a quem procurava, sem, contudo, atingi-lo (2º crime: tentativa de assassinato); e, por não conseguir alcançar o intento ou porque um caminho se fez mais fácil, descontou a raiva em um outro irmão do desafeto: um adolescente de 15 anos, que estava sentado no meio-fio da calçada e faria aniversário no dia seguinte. Deu quatro tiros nele, à queima-roupa, sem possibilidade de defesa: dois tiros pelas costas e outros dois na cabeça, como se pensasse: "na falta de um, vai o outro; são irmãos mesmo...". Pura covardia. Uma barbaridade (3º crime: homicídio).

Havia muitas provas do assassinato cometido contra o adolescente de 15 anos, inclusive o réu confessava sua culpa. Quanto às tentativas de assassinato (o tiro contra o rival e o golpe de faca no irmão), pouca ou nenhuma prova — apenas fracos indícios, já que o atingido pela facada apresentara ferimentos superficiais; e o réu negava com veemência tê-los provocado. Sabe-se, porém, que quando julgado pelo tribunal popular, um crime hediondo, como o cometido contra o adolescente de 15 anos, pode impressionar tanto, causar tamanho horror, que todas as atenções se voltam para ele — os demais crimes não passam de satélites, orbitando em seu entorno, sob sua influência. Importando e só se vendo a atrocidade e repugnância desse crime maior (homicídio do adolescente), decide-se que o réu deve ser punido pelos demais (tentativas de assassinato) não porque os tenha praticado, mas, sim, porque se faz merecedor: a abundância com folga de provas do crime-mor (homicídio do adolescente) supre a falta de provas dos outros crimes a ele associados (tentativas de assassinato). E assim aconteceu. A sorte dos crimes secundários seguiu a do principal. A culpa pelo homicídio arrastou as duas tentativas de assassinato, levando-as de roldão, tendo sido o réu considerado culpado também por elas, mesmo sem provas de tê-las praticado. Condenado pelos três crimes, sua pena poderia superar cinquenta anos de prisão.

Por ter havido, de acordo com as provas do processo, excesso de condenações (três em vez de uma), o juiz remediou a situação através da pena. Calculou-a de forma a aplicar para os três crimes a pena cabível e correspondente a um delito: vinte anos de prisão — menos da metade, pois, do esperado. Uma compensação moral que, à vista da quantidade da pena, transformou três crimes em um. Com isso, tirou um peso da consciência do promotor de justiça: o réu não seria punido por duas tentativas de assassinato que talvez não tivesse cometido; era como se fosse possível, pela pena imposta, transformar um homem culpado, oficial e publicamente, por três crimes, num homem de um crime só.

De qualquer maneira, "a capacidade que o ser humano tem de racionalizar é praticamente infinita"[8]. Um assassinato horrível como o do adolescente de 15 anos seria caso de pena de morte ou prisão perpétua em diversos países; e, mesmo que o assassino ficasse preso até o fim da vida, seria pouco comparado ao que fez à vítima e ao sofrimento infligido aos familiares. Um preço pequeno a pagar por seu crime. Sairia no lucro.

O promotor de justiça, então, dirigiu-se ao réu, como se lhe estivesse fazendo um generoso obséquio, e disse: "fica tranquilo, não vou recorrer da sentença para aumentar a pena".

---

8   TWERSKI. Abraham J. *De geração em geração: recordações pessoais de um legado chassídico.* São Paulo: Centro Judaico Bait, 2013, p. 80.

PARTE UM : INÍCIO DA VIDA PÚBLICA DO PROMOTOR DE JUSTIÇA, O FILHO DA LEI

Cegueira deliberada

À noite, num patrulhamento de rotina, policiais depararam-se com um carro em atitude suspeita. O tardar da hora, a ausência de outros veículos circulando naquele momento, a juventude dos ocupantes do carro e o tédio que, muitas vezes, acompanha a ronda policial, foram suficientes para levantar essa fundada desconfiança.

Feita a abordagem, encontraram drogas no carro: pequena quantidade de maconha e alguns pacotinhos que, ao que tudo indicava, continham cocaína. Daí, os jovens abordados foram conduzidos até suas respectivas casas, onde teriam franqueado a entrada aos policiais, que acharam mais drogas, armas de fogo de diversos calibres e artefatos explosivos como bombas e dinamite, certamente usados para explodir caixas eletrônicos ou carros-fortes[9].

Presos em flagrante, os jovens foram apresentados ao juiz para avaliação da legalidade e da validade das prisões. Percebeu-se, *in ictu oculi* (num piscar de olhos), que o consentimento dado pelos jovens aos policiais, facultando-lhes o ingresso em suas casas, não passava de um faz de conta. Uma simulação. Onde estava escrito "adentraram as casas com permissão", subentendia-se "debaixo de vara" — o poder em ação. Desde tempos imemoriais, "poder tem muito a ver com bater: o cetro do rei, o báculo do papa e dos bispos, o cajado do pastor, o cassetete da polícia"[10].

---

9   Veículo blindado utilizado no transporte de grande volume de dinheiro e cargas valiosas.
10 SILVA, Deonísio da. *Órra, meu!: a língua nossa de cada dia: como ler, escrever e comunicar-se com elegância e simplicidade.* São Paulo: Edições 70, 2023, p. 259.

Como sói ocorrer, juiz e promotor de justiça mantiveram-se em silêncio, em vista da regra *male captus bene detentus* (mal capturado, bem detido), revelando que o único problema com essa ação policial era o fato de ela ser passível de descoberta[11].

Carimbo

> "Perseguido pelos soldados, o réu deitou a correr por montes e vales; enfim, depois de alguma luta, um soldado, não sei se para intimidar, não sei se para defender-se, disparou a espingarda, e o fugitivo caiu fulminado"[12].

Essa cena narrada por Machado de Assis em meados do século XIX era a que constava, sem tirar nem pôr, nos autos do século... XXI! Nesses e noutros autos, que apuravam mortes decorrentes de intervenção policial, a história se repetia: a polícia, no encalço dos suspeitos de crime, baleou um deles, que morreu com tiros no peito.

Estava tudo lá, no inquérito: as declarações dos policiais ("houve troca de tiros; atiraram em nós primeiro e apenas revidamos"); o exame do cadáver (necropsia) da vítima, indicando a causa da morte: hemorragia produzida por projéteis de arma de fogo; a perícia no local do crime, elucidando a dinâmica

---

11 BAZERMAN, Max; TENBRUNSEL, Ann. *Antiético, eu?* Rio de Janeiro: Elsevier, 2011, p. 91.
12 ASSIS, Machado de. Ao acaso. *Diário do Rio de Janeiro*. Rio de Janeiro, 28 ago. 1864. In: MATOS, Miguel. *Código de Machado de Assis*, São Paulo: Migalhas, 2021, p. 197.

dos fatos; o confronto entre os projéteis retirados do corpo da vítima e as armas de fogo empregadas pelos policiais, identificando o autor dos disparos; o depoimento dos familiares e os antecedentes criminais do morto. Enfim, uma investigação formalmente perfeita. Só faltava uma coisa: a verdade.

Era uma cópia fiel das ocorrências que envolviam vítimas da letalidade policial. Coincidentemente, sempre relatavam a mesma coisa: troca de tiros e morte em lugares ermos ou de difícil acesso; vítima atingida por dois ou três tiros no abdômen; arma de fogo (geralmente calibre .38) encontrada ao lado do corpo, sugerindo ter sido usada pela vítima, antes de morrer; e a corriqueira ausência de testemunhas. Ou seja, a história teimosamente repetia-se no registro das ocorrências. Um monólogo, representado pelos policiais. Não havia ninguém para desmentir a versão oficial do tiroteio. Nem testemunhas, nem sobreviventes, nada para contradizê-la. Nenhuma prova amparava o que se intuía das lesões nos corpos (tiros à queima-roupa): eles, os policiais, atiraram contra a vítima rendida ou em fuga; a vítima não oferecia perigo à vida deles. Não precisavam matá-la; e, ainda que se supusesse resistência à prisão, os policiais, ao acercarem-se da vítima, poderiam, sem colocar a própria vida em risco, prescindir do emprego de força letal, ferindo-a ou acurralando-a. Não agiram, assim, "em estrito cumprimento de dever legal", isto é, dentro ou nos precisos contornos da lei, e sim fora da lei. Excederam-se, portanto, os policiais.

Diante disso, o promotor de justiça via crime ali, imputável aos policiais. Não somente um circunstancial excesso criminoso, enxergava também uma ação punitiva premeditada. Um atentado contra a promoção de justiça — seu mister. A subtração violenta do suspeito do sistema judicial significava que se punia alguém (ainda mais com a pena de morte) antes de julgá-lo. Também via e sabia que a verdade que faltava no inquérito era conhecida dos que dela padeciam: as vítimas da ação policial. Nada de novo. Acontecia o tempo todo: "Os fugitivos baleados sempre morriam antes de chegar ao hospital: execução sumária. Resistir à prisão significava morte certa. Era uma doutrina"[13]. Resumindo, os fugitivos cometiam suicídio.

Seguiu-se, então, conforme as praxes do foro, e na forma da lei, o arquivamento das investigações.

Sintonia I

Os dois admitiam que aprontavam. Por aprontar, entende-se cometer crimes; no caso, roubos — juntos e à mão armada. Num desses assaltos, desentenderam-se ao dividirem o produto do crime; um deles deu um tiro no pescoço do outro, que, por um desses milagres difíceis de explicar, sobreviveu, embora com sequelas. No julgamento, o que levou o tiro disse ter ocorrido um engano, que ninguém tentou matá-lo. Inocentou, pois, quem quis lhe tirar a vida, passando a seguinte mensagem, sem dizê-la: "Não vou caguetar. Nem envolver mais ninguém nessa parada: *keep it real on the streets*[14], como dizem os caras do rap. Depois acerto com ele (o réu) lá fora: 'treta da rua fica na rua'[15]".

---

13   MENDES, Luiz Alberto. *Confissões de um homem livre*. São Paulo: Companhia das Letras, 2015, p. 46.
14   Tradução livre: "mantenha a honestidade nas ruas" (STUMPF, Doug; SANTOS, Murilo dos. *Confissões de um engraxate em Wall Street*. Rio de Janeiro: Rocco, 2008, p. 207).
15   SEVERO, Jean Menezes de. "Violência sexual nos presídios: verdades e mitos". Disponível em: https://canalcienciascriminais.jusbrasil.com.br/artigos/296390401/violencia-sexual-nos-presidios--verdades-e-mitos. Acessado em: 25 dez. 2021.

O promotor de justiça captou a mensagem; e, operando "na mesma frequência emocional"[16] que os delinquentes, não disse, mas pensou: "Vítima maldita! Mentirosa! Desgraçada! Antes tivesse morrido [...] Viva, em casos como esse, a vítima só atrapalha...". De tanto praguejar contra a vítima, dizem que até abençoaria a morte dela; se alguém no plenário sacasse uma arma de fogo e a matasse, testemunharia a favor do assassino; e continuou, o promotor de justiça, com suas imprecações: "Se soubesse que a vítima daria esse depoimento, teria pedido a soltura do réu antes do julgamento; prefiro-o solto a absolvido, até porque, quem sabe, na quebrada, algum desafeto ou a polícia acerte as contas com ele...".

SINTONIA II

À noite, marido e mulher assistiam à televisão com o filho de 2 anos quando dois assaltantes invadiram a residência; após render o casal, perguntaram sobre o cofre. Mas não havia cofre. Nem dinheiro, nem joias, pelo menos não à vista. Não acreditando que uma família abastada morasse numa casa sem cofre, um dos assaltantes pegou o menino, colocou no colo e, com o revólver apontado para a cabeça dele, disse que, se não falassem onde estava guardado o cofre, atiraria na criança.

O pai, vendo a boca do cano da arma encostada na cabeça de seu filho, que chorava muito, e sob ameaça de tiro do assaltante, ficou fora de si. Partiu para cima do invasor. Uma impru-

---

16   Descrição cunhada por Hunter S. Thompson no livro *Hell's Angels* (Porto Alegre: L&PM, 2011, p. 54).

dência. Conseguiu, no entanto, ao entrar em luta corporal com ele, tomar-lhe a arma, enquanto o comparsa, atônito com o que via, recebia golpes de vassoura dados pela mulher.

Os assaltantes, não esperando essa reação do casal, correram, dando as costas ao pai da criança, que atirou — dois disparos certeiros no que havia ameaçado atirar em seu filho. Morto o assaltante com tiros pelas costas, descartava-se, a princípio, a prática do fato em legítima defesa.

Processado, o pai da criança foi a júri; e, na sessão de julgamento, concedida a palavra ao promotor de justiça encarregado da acusação, o seu discurso demorou menos de cinco minutos. Em resumo, disse que se fosse ele (promotor de justiça) no lugar do réu (pai da criança), não teria atirado nas costas, e sim na nuca do assaltante.

Desnecessário dizer que o pai da criança foi absolvido; e, no frigir dos ovos[17], concluiu o promotor: o assaltante morto, que figurava como vítima no processo, tivesse sido justiçado por bandidos como ele ou julgado no "tribunal do crime" do PCC[18] ou do Comando Vermelho[19], teria um destino mais trágico, porque "bandido respeita crueldade"[20].

---

17 No final das contas; no fim de tudo.
18 Primeiro Comando da Capital, uma das maiores organizações criminosas do país.
19 Organização criminosa fundada no Rio de Janeiro, onde concentra sua atuação. Sigla: CV.
20 MENDES, Luiz Alberto. *Memórias de um sobrevivente*. São Paulo: Companhia das Letras, 2001, p. 319.

Testemunho

Por medo, as testemunhas não queriam depor; moravam e trabalhavam em regiões pobres, caracterizadas pelo predomínio de famílias desestruturadas, educação precária, altos índices de desemprego e criminalidade. Natural que se sentissem desprotegidas e vulneráveis até porque os assassinos contra os quais em geral tinham de testemunhar eram seus conhecidos, amigos, vizinhos e familiares. O temor de represálias e retaliações era mais do que justificado. Tudo isso, porém, não importava tanto diante do combate à impunidade. A intolerância ao crime é um imperativo de justiça! Justiça que cabia a ele promovê-la: o promotor de justiça.

Tornou-se, assim, o promotor, um especialista em convencer testemunhas a depor. Onde quer que estivesse uma testemunha, aí estava ele. Em nome do "bem comum", ia atrás, aconselhava, exortava, intimidava e até constrangia, se necessário fosse. Dizia-lhes que, salvo algumas exceções[21], eram obrigadas a depor. Era a lei: "a testemunha não poderá eximir-se da obrigação de depor"[22]. Se não depusessem, mandaria a polícia buscá-las[23]. Seriam multadas. Responderiam pelo crime de desobediência[24]; e, ao prestarem depoimento, tinham de falar, sob palavra de honra, a verdade do que soubessem ou lhes fosse perguntado[25]. Só o réu podia permanecer calado[26]. A elas, testemunhas, era proibido ficar em silêncio;

---

21 Artigos 206 e 207 do Código de Processo Penal (citado, daqui em diante, como CPP).
22 Artigo 206 do CPP.
23 Artigo 218 do CPP.
24 Artigo 219 do CPP.
25 Artigo 203 do CPP.
26 Artigo 186 do CPP.

e, se calassem a verdade, não hesitaria em processá-las por falso testemunho[27]. Na atitude das que se recusavam a testemunhar por motivos religiosos, via uma violação da separação entre a Igreja e o Estado: como cidadãs, deveriam se sentir "na obrigação de garantir a segurança da comunidade ajudando a tirar das ruas um homem perigoso"[28] — nisso tinha razão. Para o promotor de justiça, enfim, não havia caso irrelevante nem perdido: sua "função era vocação, e a vocação, missão"[29]. Todos reconheciam sua dedicação e devoção ao trabalho em prol da justiça. Esticava até não poder mais o já longo braço da lei.

Sucedeu-se, porém, algo inesperado. À noite, num lugar ermo, o promotor de justiça, que "se deixara penetrar até o âmago pela consciência da nobreza superior do seu dever e do seu ministério"[30], deparou-se com uma blitz. Numa batida policial, um jovem em atitude suspeita era revistado. Viu quando os policiais deram dois tiros, por trás, na nuca desse jovem. Uma execução que acontecia ali, na sua frente. Acabara de presenciar um crime, reconhecendo de imediato os que o cometeram: policiais que há anos trabalhavam com ele nas investigações, que gozavam de sua plena confiança, que conheciam sua família, sua rotina, seus hábitos. "Gente de casa", como se diz; e, figurando o promotor de justiça na condição de testemunha — ocular, ainda por cima, por ter visto o crime —, não havia quem o convencesse a prestar depoimento.

---

27 Artigo 342 do Código Penal.
28 KUSHNER, Harold. *Que tipo de pessoa você quer ser?* Rio de Janeiro: Sextante, 2004, p. 71.
29 WASSERMANN, Jakob. *O processo Maurizius*. Campinas: Sétimo Selo, 2021, p. 31.
30 Idem, p. 27.

Hermenêutica

Ocorrera um assassinato ao lado do Fórum, e o corpo foi encontrado no estacionamento destinado às autoridades. Ou seja, depois de cometer o homicídio, o assassino lá despejou o cadáver. Preso e processado o possível homicida, chegou o dia do julgamento.

Concedida a palavra ao promotor de justiça, durante uma hora e meia pediu a condenação do réu pelo assassinato. Finda a acusação, teve a palavra o defensor, que usou o mesmo tempo clamando pela inocência do cliente. Na tréplica, o promotor de justiça viu-se em apuros para rebater os persuasivos argumentos da defesa, porque a escassa prova do crime não o ajudava. Mas a falta de provas no processo em nada diminuiu seu firme convencimento sobre a culpa do réu. Sabia que ele era culpado. Certeza formada por informações obtidas fora dos autos, perguntando aqui e ali, sondando acolá. De qualquer maneira, não constando tais informações no processo, impedido estava de usá-las. Compreendia, como qualquer bacharel em Direito, o elementar princípio jurídico: *Quod non est in actis non est in mundo* (o que não está nos autos não está no mundo) — num julgamento, só vale o que está nos autos de um processo. Ou não compreendia?

Antes e para compreender, perguntava-se: o filho pranteia seu pai assassinado, enterra o cadáver crivado de balas e quem matou não responderá em juízo? O infrator não será castigado? Tem carta branca para cometer mais crimes? Impune o réu, outras pessoas se sentirão encorajadas a também delinquir? Se a verdade dos fatos permanecer nas ruas, sem ir para os autos, o processo não vira uma peça de ficção?

E assim, perguntando de si para si, concluiu que os autos eram o mundo; iria lê-lo, então, sem apego às regras gramaticais: o mundo é o continente que contém ou encerra tudo; todo o resto é o conteúdo. E no todo está contida também a parte (conhecimento extra-autos). Inclusive há uma expressão latina para isso: *In toto et pars continetur*. Deveras, os autos, *de facto*, são o mundo! De qualquer maneira, ao fim e ao cabo, saiu-se com uma máxima jurídico-sapiencial para a posteridade: "profanas provas purificam-se a serviço de sagradas causas!". Consciente ou não, confirmou na prática o que Machado de Assis intuiu nos livros: "o comentário da lei é a eterna malícia"[31].

Estando, pois, convencido da culpa do réu, e que a verdade deveria prevalecer independentemente do lugar em que ela se encontre (dentro ou fora do processo), via a defesa como um obstáculo, os debates como uma competição e o reconhecimento da inocência do acusado de crime como um fracasso pessoal. Quando antevia uma absolvição da qual discordava, sacava o seu trunfo: os antecedentes criminais do réu! Um recurso em geral infalível para obter vantagem na disputa. Pesa muito na balança se ainda resta alguma dúvida sobre a culpa do réu, fazendo-a pender a favor da acusação. E, encontrando um suprimento de força na miséria humana condensada na ficha criminal do acusado, o promotor de justiça não tinha nenhuma objeção de consciência em explorá-la, pois o defensor, sem freios morais, fazia pior: caso a vítima assassinada não fosse um santo ou tivesse uma mínima mácula em sua vida,

---

31 ASSIS, Machado de. A sereníssima república. TEIXEIRA, Ivan (ed.). *Papéis Avulsos*. São Paulo: Martins Fontes, 2005, p. 214.

era execrada por ele. De tantos insultos e vitupérios dirigidos à vítima pelo defensor, dir-se-ia que o réu havia até feito um benefício em matá-la. Falava isso na presença dos familiares dela, praticando a maior das crueldades: "dizer a pais que acabaram de enterrar seu filho que ele mereceu morrer"[32]. Se possível, ele até exumaria o cadáver da vítima para colocá-lo no banco dos réus no lugar do acusado. Para resumir, defendia o assassino defendendo o assassinato.

Porém, o acusado era ficha limpa. Nada havia nela que o desabonasse. Posto dessa forma em xeque, o promotor de justiça não venderia barato a injúria da derrota, até porque lhe faltava o entendimento de que deveria procurar os tribunais "para receber justiça e não tentar executar a sua própria justiça"[33].

Nessa situação, voltou-se para o acusado e disse: "você desovou o cadáver no Fórum onde trabalho e que abriga este tribunal. Considero isso um tapa na minha cara! Vou devolver dando dois na sua!". Prosseguiu: "Nega a acusação, mas se até Caim, o primeiro homicida da história, negou seu crime a Deus, que é onipresente e tudo conhece, tudo sabe, não me admira que faça o mesmo perante os jurados, seres humanos desprovidos do dom da onisciência. E a lei de Caim é a lei da falsidade! Filho de Caim!". Esse foi o primeiro. De leve. O segundo: "você pode ser absolvido, mas sabe que é um assassino! Sabe que matou! Não poderá fingir que nada aconteceu! Onde e como estiver, não será feliz nem terá paz, mesmo que lhe reste um mínimo de consciência, pois, quando parar para

---

32 TELUSHKIN, Rabino Joseph. *O livro dos valores judaicos: um guia diário para uma vida ética*. São Paulo: Virgiliae, 2015, p. 538.
33 SCHWARTZ, Harav Yoel. *As 7 leis universais*. São Paulo: Sêfer, 2010, p. 56.

pensar na vida, seja por um breve instante, lembrará, mesmo sem querer, o mal que fez e o sofrimento que causou. Carregará eternamente a culpa do crime pelo qual não pagou nem foi redimido, porque sabe que eu sei que foi você! Isso ficará guardado em sua memória: eu sei! Essa será a sua maldição, que o acompanhará por toda sua existência! Meu conhecimento sobre a sua culpa fará com que este julgamento jamais termine para você. Assassino!".

Presente no tribunal do júri, o pai do acusado, que via e a tudo ouvia, teve um infarto.

O DIREITO DE ACUSAR

De madrugada, dois irmãos usuários de drogas e a namorada de um deles foram assassinados. Três vítimas, portanto. Deram nelas mais de trinta tiros após invadirem o barraco em que moravam. Como era final de ano, iniciou-se a apuração só dias depois, quando muitos dos vestígios haviam sumido e as testemunhas já estavam debandadas. A única informação que se conseguiu colher consistia numa filmagem do carro utilizado para a prática do crime. Através da placa do carro chegaram a um suspeito cujo telefone celular continha um vídeo de dois dias antes dos assassinatos. No vídeo, o tal suspeito enchia um colchão inflável no escapamento do veículo; e, durante a investigação, seus familiares reconheceram que ele fez uso do carro por uma ou duas semanas depois dos crimes. Não tinha nenhuma outra prova no processo. Nada mais.

No dia do julgamento, os defensores do réu perguntavam: "Com que direito uma autoridade acusa alguém sem provas?

Quem concedeu a ela esse direito, se não foi a lei?" O promotor de justiça respondeu: "Também eu vou propor-lhes uma só questão. Diga-me: como o carro usado pelos assassinos estava com o réu 48 horas antes do crime e, depois que as vítimas morreram, o carro voltou para as mãos dele? Responda-me, e eu direi com que direito acuso o réu". Diante disso, responderam ao promotor de justiça com uma explicação tão pífia que se poderia traduzi-la por "não sabemos". O promotor de justiça então lhes disse: "Nem eu vos digo com que direito acuso o réu".

O ÓBOLO DA DÚVIDA

O réu negou ser o assassino. Enfático e sereno, até disse onde e com quem estava no exato momento do crime: em um churrasco na casa de um amigo. Alguns familiares desse amigo confirmaram o álibi, dizendo que ele esteve mesmo no dito churrasco.

Mas o dono de um bar falou que, momentos antes de ouvir o tiro, o réu e a vítima passaram pelo seu estabelecimento. Havia acabado de servir uma pinga para a vítima, quando o réu chegou e, ao vê-la, deu meia-volta. Logo após, a vítima, saindo do bar, recebeu uma bala no abdômen, sem possibilidade de defesa. Outra testemunha reconheceu, não sem certa hesitação, o réu como o autor desse disparo fatal, indicando ainda que ele teria agido por motivo fútil, porque a vítima o ofendera dias antes durante uma partida de sinuca.

Em quem acreditar?

O promotor de justiça, responsável pela acusação em nome da sociedade, tinha plena consciência de sua invejável retórica e de seu conhecimento jurídico bem acima da média. Sabia, também, que tudo isso não substitui a boa e velha sinceridade; e, sem ela, seu entusiasmo ecoaria falso e fingido. Ao revés, com sinceridade as chances de condenar até mesmo um inocente são grandes. Daí, não se sentindo completa e/ou honestamente convencido, dizia de si para si: "Foi ele!". Porém, em seguida, ponderava: "Não, não estou plenamente convencido!". E depois forçava uma nova reflexão: "Não pode ter sido outra pessoa... Ah, mas ainda não estou seguro!". Sua convicção oscilava; e continuava a pensar, tentando persuadir a si próprio de que o réu era culpado. Em machadianas palavras, o promotor de justiça "queria era acomodar a realidade ao sentimento da ocasião"[34]; e, nessa toada, "balouçava incerto"[35] entre a dignidade e a veleidade[36]:

> Examinou um por um todos os indícios de culpabilidade e de inocência; buscou sinceramente os elementos de prova; não esqueceu um só argumento de indução. Nesse trabalho despendeu longo tempo, sem resultado apreciável, pela razão de que, se a sentença era difícil de formular, o juiz era incompetente para decidir[37].

Incompetente para decidir porque sabia de antemão o promotor de justiça no que queria acreditar, estando "prepa-

---

34 ASSIS, Machado de. Singular Ocorrência. SENNA, Marta de (ed.). *Histórias sem data*. São Paulo: Martins Fontes, 2005, p. 65.
35 ASSIS, Machado de. *Helena*. Rio de Janeiro: Garnier, 2003, p. 148.
36 Grau mais baixo da volição; vontade imperfeita.
37 ASSIS, Machado de. *Helena*. Rio de Janeiro: Garnier. 2003, p. 148.

rado para seguir a verdade aonde a verdade leva, mas apenas dentro dos limites que ele já definiu"[38].

Então, recorreu ao mais rotineiro expediente empregado em julgamentos: a racionalização. Técnica escapista baseada na capacidade de criar ou conceber justificativas. Fez e ainda faz a fama de muitos doutos e "intérpretes da lei", que se passam, valendo-se dela, por engenhosos juristas. Mas que se presta, para todos os propósitos práticos, a um único e exclusivo fim: iludir a consciência. Operando a racionalização em um nível inconsciente, sendo esse o grande perigo[39], "mesmo uma vigilância extrema pode não ser suficiente"[40]:

> Cada ser humano tem um "filósofo" em sua mente, que tenta justificar e explicar qualquer ato perante si mesmo e diante do mundo. A razão pode colocar-se a serviço da vontade e propiciar explicações plausíveis e interessantes, ainda que totalmente falsas, se não quisermos ou não pudermos encontrar a verdade[41].

Recorrendo assim a esse artifício mental, apelou para a motivação do testemunho: a existência de interesse pessoal; e, considerando que "o testemunho tem valor pela força de quem o presta"[42], decretou: os depoimentos incriminatórios

---

38 AKIVA TATZ, Rabino Dr. *Guia do adolescente*. São Paulo: Associação Beneficente e Cultural Makom, 2021, p. 124.
39 TWERSKI, Abraham J. *De geração em geração: recordações pessoais de um legado chassídico.* São Paulo: Centro Judaico Bait, 2013, p. 80.
40 Idem, p. 80.
41 BUNIM, Irving M. *A ética do Sinai: ensinamentos dos sábios do Talmud*. São Paulo: Sêfer, 2001, p. 9.
42 NEVES, José Roberto de Castro. *Medida por medida: o direito em Shakespeare*. Rio de Janeiro: Edições de Janeiro, 2016, p. 123.

provêm de fonte limpa, os absolutórios, de fonte suja. Deveras, as testemunhas que acusaram o réu não eram inimigas dele. Muito menos tinham qualquer interesse na sua condenação. Nada havia, pois, a macular a confiabilidade dos depoimentos que elas haviam prestado. Por outro lado, as testemunhas que respaldavam o álibi do réu eram familiares de seu amigo. Tinham, em algum grau, relação afetiva com ele. Logo, indignas de confiança. Suspeitas!

O promotor de justiça apegou-se a esse critério (desinteresse das testemunhas de acusação em ver o réu condenado e interesse das testemunhas de defesa em vê-lo absolvido), como se fosse uma corda que lhe tivessem estendido, à beira de um precipício. Fez dela a base de seu discurso acusatório, parafraseando criativamente um versículo das escrituras[43]: atenção para que ninguém vos engane. Hão de surgir falsas testemunhas e falsos álibis, os quais apresentarão versões e relatos para enganar, se possível, os jurados. Não creiais! Ficai atentos!

Pedida a condenação do réu, no intuito de atenuar eventual peso na consciência, reconheceu não provado ter ele agido por causa de uma discussão banal, retirando essa circunstância (o motivo fútil na prática do homicídio) — sem motivo, a pena é menor. O crime cometido ficou desse jeito, sem motivo aparente, porque motivo, de fato, não havia — pelo menos demonstrado e comprovado. Uma verdade processual (ausência de motivo) que se metamorfoseou, na cabeça do promotor de justiça, em benevolência. Boa vontade, sim, porquanto máximas como "é melhor absolver cem culpados

---

43 Mc 13,5.22-23.

PARTE UM : INÍCIO DA VIDA PÚBLICA DO PROMOTOR DE JUSTIÇA, O FILHO DA LEI

do que condenar um inocente"[44] só serviam para florear discurso piegas de advogado na tribuna. Homicídios vão a júri popular formado por cidadãos que não vivem num mar de rosas, que não querem saber de filosofias; e réus, não raro, mentem para seus próprios defensores. Advogados encaram com naturalidade quando seus clientes — assassinos — são absolvidos, mesmo sabendo-os culpados. Não veem nenhum problema moral nisso. Experts em racionalizar, os advogados têm justificativa para tudo, inclusive o mais abominável dos crimes. O jogo real é pesado.

Assim, numa decisão justa e aceitável aos olhos da sociedade, o réu foi condenado a doze anos de reclusão. Pela crueza do crime, caberia uma pena mais pesada, mas a dúvida sobre sua culpa lhe serviu de atenuante[45].

Disfarce

Naqueles primevos tempos, inebriava-se pela posição de poder e prestígio que o cargo de promotor de justiça lhe conferia. Visibilidade reforçada perante a população pelo zelo no cumprimento do dever e feitos que o colocavam ainda mais em destaque. Feitos não necessariamente resultantes de ações meritórias ou dignas de apreço. Na falta delas, algum fato

---

44 Corruptela da frase "é melhor correr o risco de salvar um homem culpado do que condenar um inocente", atribuída ao filósofo francês François-Marie Arouet, conhecido pelo pseudônimo Voltaire (1694-1778).

45 Um breve texto satírico de Roda Roda intitulado "O direito penal militar" retrata situação semelhante (KOHLER, Peter; SCHAEFER, Thomas. *O direito pelo avesso: uma antologia jurídica alternativa*. São Paulo: Martins Fontes, 2001, p. 176).

pitoresco ou singular servia para colocá-lo em evidência; e, estando ele nesse estado de espírito — similar ao "estado de graça" que atinge padres recém-ordenados[46]—, viu o réu adentrar o tribunal vestindo a camiseta do Corinthians — time que era arquirrival do seu desde criança, quando era um fanático torcedor do Santos; resquícios dessa paixão pelo time do rei Pelé perduraram ao longo dos anos, e extirpá-los equivalia a uma mutilação de sua personalidade.

Iniciados os trabalhos da sessão de julgamento, o promotor pediu a palavra para, sem titubeio, demonstrar que o réu se fez criminoso e culpado pela sua preferência clubística, dizendo: "o time do Corinthians é associado a bandidagem, tanto é que, em tom de deboche ou não, quando alguém vê um corintiano correndo logo pensa em ladrão; se está de uniforme, é presidiário; parado na rua, um suspeito. Eles próprios identificam-se como maloqueiros, ou seja, um bando de delinquentes sem educação que vive de cometer delitos. No mundo da criminalidade, muitas vezes a palavra 'corintiano' é usada como senha na quadrilha ou bando pelos seus integrantes. Concordemos ou não com esse estereótipo, ele existe. Está no nosso inconsciente coletivo, a conferir lastro ao popularizado pensamento: 'nem todo corintiano é bandido, mas todo bandido é corintiano'. Enfim, a partir do momento em que se apresentou o réu vestido com essa camiseta de futebol relacionada à marginalidade, brotou no ânimo de todos nós, ainda que involuntariamente, uma predisposição de condená-lo, mas não podemos prejulgá-lo. A sessão do júri, portanto, deve ser adiada, para assegurar ao acusado um julgamento justo e imparcial".

---

46 MARZANO, Marco. *A casta dos castos: os padres, o sexo e o amor*. Lisboa: Livros Zigurate, 2023, p. 139.

PARTE UM : INÍCIO DA VIDA PÚBLICA DO PROMOTOR DE JUSTIÇA, O FILHO DA LEI

Tendo defendido com tamanha paixão e convicção esses pensamentos fantasiosos que se apresentaram à sua mente, suas palavras tiveram "a eloquência da sinceridade"[47], na definição do genial Machado de Assis — quem primeiro nos deu conhecimento desse fenômeno psicológico, "não raro, mas curioso: uma imaginação graduada em consciência"[48]. Os interesses do réu serviram dessa forma de capa aos desígnios do promotor de justiça. E o promotor de justiça viu que seu discurso havia sido *bom*. Tão bom que o juiz adiou o julgamento, tomando o cuidado de não consignar por escrito o real motivo do adiamento. Pretextou uma questão processual qualquer para justificá-lo.

Durante semanas, o que se passou foi discutido no Fórum, nas ruas e nas praças. Em todos os lugares da comarca, havia controvérsias entre os que defendiam o adiamento e os que dele divergiam. As pessoas debatiam e até brigavam a respeito do assunto. Então, o promotor de justiça, contemplando o engajamento social e toda a polêmica por ele provocada, viu que era *muito bom*.

Joio

Um homem foi buscar amigos de infância na rodoviária. Havia tempo que não se viam. Os amigos chegaram com grandes malas, embora fossem ficar poucos dias. Mas não era o momento para perguntas, e sim de alegria e abraços pelo reencontro.

---

47   ASSIS, Machado de. *Quincas Borba*. 5. ed. Rio de Janeiro: Record, 2007, p. 94.
48   ASSIS, Machado de. *Memórias póstumas de Brás Cubas*. São Paulo: Carambaia, 2019, p. 126.

O homem colocou a bagagem no seu carro — com muito esforço, dado o tamanho das malas —, e, tão logo saíram da rodoviária, a polícia acercou-se deles. Uma denúncia anônima havia dito que um ou outro amigo viajante transportava drogas; e, feita a busca, encontraram, de fato, grande quantidade de "produtos" em uma das malas.

Presos todos por tráfico, o homem alegou desconhecimento. Um dos amigos confessou o crime, livrando-o, bem como os restantes com quem viajara, de qualquer responsabilidade sobre as drogas. Porém, pesavam contra o homem algumas evidências circunstanciais: era dono do carro onde a mala com as drogas havia sido encontrada; morava na cidade em que as drogas seriam distribuídas — e onde o amigo confesso nunca tinha posto os pés; seu celular continha mensagens eletrônicas que demonstravam uma amizade íntima com o que confessou a culpa; e qual a razão de levar malas grandes se os amigos pretendiam passar no máximo um fim de semana em sua casa?

Em vista disso, o escrivão indagou ao delegado de polícia: "Um dos presos assumiu que a mala com drogas era dele, inocentando o dono do carro e os outros. Quer, então, que peça a soltura de todos eles, com exceção do que se declarou culpado? Ou só a soltura do homem, o dono do carro?". A autoridade policial respondeu: "Concluídas as investigações, faremos apenas o relatório do que foi apurado, dando por terminado o inquérito e encerrado nosso trabalho. A princípio, todos concorreram para o tráfico de drogas. São da mesma patota e estavam juntos quando as drogas foram encontradas; agora é com o promotor de justiça, a quem compete, daqui para a frente, opinar a respeito do crime; ele que livre ou processe quem bem entender!".

PARTE UM : INÍCIO DA VIDA PÚBLICA DO PROMOTOR DE JUSTIÇA, O FILHO DA LEI

Dias depois, o assessor da promotoria de justiça, ao receber o inquérito, fez a mesma pergunta sobre a manutenção ou revogação das prisões para o promotor, que lhe disse, em resposta: "Se o delegado indiciou os indivíduos, tratando-os como suspeitos do crime, sem deixar ninguém de fora, é porque viu alguma coisa aí — algum grau de culpa ou participação deles. Não podemos trair nosso mister, advogando os interesses dos investigados: na dúvida, é a sociedade que temos de proteger!". Logo, não escapou ninguém. Todos os presos, sem exceção, foram processados.

Seguiu-se a apreciação das provas, desta vez pelo juiz. Tanto a cena quanto a indagação repetiram-se mais uma vez; e, respondendo à pergunta de seu assessor — "o que fazer?" —, o juiz decidiu: "Para não acontecer de, ao soltar alguns, se libertar também eventuais cúmplices, pois alguém pode ter assumido as drogas para livrar os demais, deixe-os, *todos*, presos. Posterguemos a triagem para o momento oportuno. No dia do julgamento, separamos os inocentes dos culpados, 'como o pastor separa a ovelha dos cabritos'[49]; e quem sabe até lá uns resolvam colaborar, entregando outros?!".

Assim, os presos passaram a ser réus, aguardando no ventre de Thêmis, a deusa da justiça, o julgamento, que aconteceria somente dali a nove meses.

---

49 Mt 25,32.

Liturgia

Quando alguém, de modo intencional, mata ou atenta contra a vida de outra pessoa, diz-se que praticou um crime doloso contra a vida. Havendo prova desse crime (homicídio consumado ou tentado) e indício suficiente de quem o cometeu, tem início o processo contra o acusado, numa sucessão de atos dividida em duas fases (procedimento bifásico). Na primeira, denominada instrução preliminar, o juiz ouve as testemunhas, interroga o réu e, apreciando as provas, admite ou não a acusação. Não se convencendo da ocorrência do crime ou da participação do réu, o processo termina aí. Caso contrário, convencido o juiz da existência do crime e da "possibilidade razoável de que o réu tenha sido o autor da infração"[50], ele, o réu, vai a júri popular, quando se dá a segunda fase: julgamento do réu pelo Conselho de Sentença, formado por cidadãos maiores de 18 anos de notória idoneidade. Então, a segunda fase (júri popular) só acontece se o juiz, finda a primeira (instrução preliminar), admitir a acusação; e essa admissão é regida pelo princípio *in dubio pro societate* (na dúvida, a favor da sociedade), ou seja, na dúvida sobre sua culpa, o réu deve ir a júri popular.

À vista desse preceito, *in dubio pro societate*, o promotor de justiça tinha provas suficientes para avançar até a segunda fase, submetendo o réu a julgamento pelo tribunal do júri — provas que indicavam a tal "possibilidade razoável" de que ele poderia ter cometido o crime. Todavia, com chances mínimas, ao fim e ao cabo, de vê-lo condenado, considerando que, nessa

---

50 GRECO FILHO, Vicente. *Manual de processo penal*. 10. ed. São Paulo: Saraiva, 2013, p. 444.

segunda fase (o tribunal do júri), a regra é outra: *in dubio pro reo* (na dúvida, a favor do réu). Enfim, o promotor de justiça, embora a princípio achasse culpa no réu, carecia da certeza necessária; cria que ele era o assassino, mas não afirmava isso sem nenhuma sombra de dúvida. Pelas provas do processo, pressagiava a absolvição: se e quando, lá na frente, ocorresse o júri, a situação permaneceria igual. Desconhecia o paradeiro das testemunhas oculares, que eram imprescindíveis para provar o crime e esclarecer alguns pontos relevantes; e, ainda que essas testemunhas comparecessem ao julgamento, seriam capazes de mentir para livrar o réu. O que fazer? Reflexionou consigo: "Reconhecer antecipadamente a absolvição? Não existe absolvição virtual! Quem sabe, por um milagre, essas testemunhas apareçam e resolvam falar a verdade. Não posso substituir o júri, usurpando-lhe a competência para julgar crimes dolosos contra a vida".

A doutrina para ele era lei; bons promotores de justiça são obedientes a ela; e, obedecendo à lei, mantêm "suas consciências limpas e tranquilas, pelo simples fato de não precisarem utilizá-las"[51]. Daí, atado à tradição, fez aquilo que havia sido doutrinado a fazer, repetindo o entendimento consagrado nos manuais: pediu o julgamento do réu pelo júri popular, com base no princípio *in dubio pro societate*, e a manutenção da prisão, porque o crime que se lhe imputava era hediondo e inafiançável.

Mandado o réu a júri, veio a pandemia. As sessões de julgamento foram suspensas; e, depois de quase um ano, retornaram de forma intermitente e aos poucos. Remarcado diversas vezes, o julgamento foi realizado após dois anos da

---

51 GRYLAK, Moshe. *Reflexões sobre a Torá*. São Paulo: Sêfer, 2015, p. 37.

decisão que, admitindo a acusação contra o réu, encaminhou o processo ao tribunal do júri, donde o promotor de justiça, mais uma vez, agiu mecanicamente. Insistindo na obediência à autoridade dos manuais, sem questionamentos, pediu a absolvição do réu, com base no princípio *in dubio pro reo*, e a consequente soltura.

E assim, observado o ritual de regras, o promotor de justiça creu-se e todos o consideraram um homem virtuoso.

Escravo

Depois de sete anos de casados, finalmente a esposa ficou grávida. Ao nascer o bebê, deram o mesmo nome do pai, acrescido do agnome Júnior. A vida seguiu e, numa sexta-feira à noite, quando o bebê já contava seis meses de idade, chamaram um casal de amigos para assistir a um filme, tomar vinho e comer brigadeiro de maconha. De madrugada, quando o casal foi embora, o marido quis ter relações sexuais com a esposa, que se recusou, dizendo-lhe estar cansada e indisposta. Ele insistiu e ela resistiu. Começaram a discutir. O ciúme do marido veio à tona. Falou para a esposa que ela não queria fazer sexo porque gostava de outra pessoa. Os ânimos se acirraram, e o marido foi para a cozinha, voltando com uma garrucha — arma de fogo curta, calibre .22, também conhecida como bacamarte — em punho. Efetuou alguns disparos aleatórios, bradando que ela, sua esposa, "não sabia do que ele era capaz"; em seguida, um tiro atingiu o bebê, que dormia no berço. A esposa imediatamente gritou, no desespero, até desmaiou. Tornada a si, recuperando os sentidos após alguns minutos, ela e o marido decidiram levar o bebê ao hospital, na vã esperança de que pudessem ressuscitá-lo.

No hospital, o médico percebeu de imediato que a criança com poucos meses de vida havia recebido um tiro; ele extraiu a bala do corpo e chamou a polícia. Indagados sobre o ocorrido, marido e mulher articulavam frases desconexas e davam explicações evasivas. Os policiais, diante disso, foram até a casa onde tudo aconteceu; no local, depararam-se com o berço em desordem e sujo de sangue. Próximo ao pequeno leito do bebê, encontraram a arma de fogo e cápsulas deflagradas no chão.

No mesmo dia, o pai do bebê começou a ser julgado e cumprir a pena. O crime estava em todos os noticiários, e a polícia tinha em mãos um mandado de prisão expedido contra ele, que, logo depois da diligência policial em sua casa, confessou ter matado o próprio filho. Antes de ser encarcerado, "cuspiram-lhe no rosto e o esbofetearam"[52]; insultaram-no e o trataram "com desprezo e escárnio"[53]; pegaram um pau com o qual "batiam-lhe na cabeça"[54]; e todas essas coisas foram senão o princípio das dores[55]. Atrás das grades, tudo era brutal; diversas vezes foi surrado pelos outros detentos, que, se julgando "puros", não o aceitavam pelo seu crime: filicídio. Em duas ocasiões, foi retirado inconsciente da cela de tanto apanhar. Quebraram-lhe todos os dentes da frente. "Tão desfigurado ele estava que não parecia ser um homem ou ter aspecto humano."[56] Rejeitado pela massa carcerária, não

---

52 Mt 26,67-68.
53 Lc 23,6-12.
54 Mt 27,26b-30.
55 Mt 24,8.
56 Is 52,14.

podia ter contato com ela, tendo de "puxar cadeia" separado. Nem no "seguro", onde ficam os presos ameaçados de morte e sem convívio na prisão — como os condenados por estupro: os *jacks*, no jargão prisional —, teve sossego. Não passava de um pária de párias; o último entre iguais — proscrito até pelos mais desventurados entre os homens e desprezados na sociedade: os demais encarcerados; e, tangido de um presídio para outro coberto de insultos, viu-se um erradio, vagando pelo sistema prisional.

    Estava preso há mais ou menos um ano e três meses quando seu julgamento foi marcado. O promotor de justiça, que havia lido e estudado o processo de cabo a rabo, conhecia todas as provas, todos os pormenores, todos os depoimentos, até as vírgulas neles existentes. Compreendia que não se aponta para ninguém uma arma de fogo sem a intenção de atirar ou dissuadir uma ameaça real. Muitos menos apontá-la para um bebê de seis meses. Menos ainda para o próprio filho. Não se deve apontá-la, mesmo acreditando que a arma esteja descarregada, pois o diabo se encarrega de colocar a bala, como dizem os crédulos. Sempre há um risco, mínimo que seja; e, no caso sobre o qual se debruçava, a situação era mais grave: o risco de morte do bebê foi criado por quem deveria protegê-lo, o pai. Por outro lado, também sabia o promotor de justiça que esse pai, ora réu, nutria amor pelo filho. O amor que pais sentem pelos filhos. Era trabalhador e dedicado à família. Nunca tivera passagem pela polícia. A esposa já o tinha perdoado, assim como a sogra e o sogro, avós maternos de seu filho. Todos testemunharam a seu favor e não desejavam vê-lo condenado, tampouco preso. Quando interrogado, o réu confessou sua culpa, dizendo que errou, mas que não era a pessoa má que aparecia na televisão; em seguida, leu uma carta escrita, segundo ele, para seu querido filho — querido, porque único; não tinha outro:

> *Hoje estou aqui para provar para vocês que eu não sou esse monstro que todos acham que eu sou. Não estou julgando ninguém, mas não quero que me confundam com esse tipo de pessoa cruel. Sempre fui um homem trabalhador, correto e corri atrás do que acreditava; e me preocupava com minha família, como todo pai de família, com o que comer, o que vestir e com o lar, pois como eu sou um pai de família, isso era minha obrigação. Lembro quando minha esposa falou para mim que estava grávida. Quase não acreditei de tanta felicidade. Dei um beijo na minha mulher e fiquei tão feliz. Agora não éramos só nós dois, éramos três. Eu nem me preocupava mais comigo, pois o objetivo da minha vida era trabalhar mais, montar o quartinho do meu bebê. Me esforcei mais no meu trabalho, para poder comprar as coisas: fralda, roupinha, banheira, berço. Sempre com aquela sensação que todo pai de primeira viagem tem. Será que está tudo aí? Sempre preocupado com minha esposa também. Às vezes, quando atrasava para o almoço, eu ligava avisando e falava "amor, você comeu bem?, tem que se alimentar, nosso filho está por vir". Preocupado com a alimentação dela, porque agora eu tinha que pensar mais nela e no bebê. Sempre quando eu chegava em casa, entrava correndo, abraçava, beijava, perguntava se estava tudo bem e quase não aguentava de saudades. Acompanhei a gestação passo a passo, exame de sangue, ultrassom. Algumas não pude ir por causa do trabalho, com o objetivo de comprar tudo dentro de casa,*

para ter nosso filho bem. Até que enfim chegou a grande hora. Umas três horas da manhã, então, fiquei desesperado e falava "calma, amor; calma, amor. Vai dar tudo certo, tudo certo". Então fomos para o hospital e aí então começou um caos. Correria de hospital para hospital. Não tinha pediatra. Até que enfim com muita luta conseguimos. Quando conseguimos atendimento, fiquei mais aliviado, peguei na mão dela, e ela me falava "amor, estou com medo de não conseguir"; e eu sempre falava "calma, amor, você consegue. Você é forte". Então tive o privilégio de participar do melhor momento da minha vida, pois o meu filho chegou. Depois de muita luta, trabalho, vi tudo sendo recompensado. Aquele olhar de tão assustado, quando peguei ele no colo foi a sensação mais gostosa da minha vida. Tão lindo, quase não aguentei de emoção. Agora sim me sinto um homem realizado, pois tudo o que um homem quer na vida é ser pai. Eu era tão feliz com minha família. Foram os sete meses mais felizes da minha vida. Como eu queria que você estivesse aqui comigo. Pergunto para Deus porque isso foi acontecer comigo. Logo eu, logo nossa família. Te amo tanto, meu filho, mas agora você não está aqui para eu falar para você. Você era tudo que eu pedi para Deus. Por quê? Por que comigo? Não consigo entender, nós éramos tão felizes. Eu tinha tanto para te mostrar. Te colocava no meu colo. Ia fazer compras, colocava na cadeirinha do carro. E meu sonho simplesmente acabou. Tudo o que eu queria era escutar você me chamando de pai. Meu filho, sempre vou te amar, não importa onde você estiver. Sei que um dia vou te encontrar. Papai te ama, hoje, amanhã e para todo o sempre.

PARTE UM : INÍCIO DA VIDA PÚBLICA DO PROMOTOR DE JUSTIÇA, O FILHO DA LEI

Lida a carta, o réu arrematou:

E é isso. Eu errei. Confesso. Não tem dor pior do que perder um filho. Não tem. Todos os dias eu luto, eu luto, eu luto comigo mesmo, eu luto todos os dias, ao dormir, ao levantar, todos os dias ao comer, ao ver televisão. Não consigo. Minha vida não é a mesma. Não é. A maioria aqui que é pai e mãe sabe. Eu errei, errei, quero perdão. Já pedi perdão. Pedi para minha mulher. Me ajoelhei. Até certo tempo estava acreditando no que o povo estava falando, que eu era isso, que era aquilo, mas não é assim. Eu não sou essa pessoa. Não sou. Eu só peço perdão. Eu só peço perdão. Para Deus. E é isso. Obrigado.

Tudo ponderado e examinado, todavia, não tornava possível entrar na mente do réu no exato momento do fatídico tiro; e fez a si a pergunta errada: "por que (isso aconteceu) comigo?". O certo seria perguntar "como" aconteceu, e não "por quê". O porquê "é possível que jamais o saibamos"[57]. Que ele tinha culpa, não havia dúvida. Era responsável pela morte de seu inocente rebento. Nem ele negava tal fato, e experimentava sentimento de culpa. Há, porém, uma enorme distância entre considerá-lo culpado por ter agido com intenção ou indiferença, aceitando com descaso a morte (homicídio doloso), e considerá-lo imprudente (homicídio culposo), na hipótese de tiro acidental. O que pensava o réu no instante em que a bala foi expelida da arma que tinha em mãos? Não se importava com a morte do filho? Dizia a si mesmo que "se acontecer, azar; paciência", "se morrer ou não, tanto

---

57 PELI, Pinchás H. *Torá hoje*. São Paulo: Sêfer, 2005, p. 211.

faz; não estou nem aí"? Pesava a seu favor, pondo na balança, a profunda desolação que sentiu imediatamente após o disparo; um sincero arrependimento que se mostrava incompatível ou desmentia eventual desdém pela morte do filho; por essa reação, ainda que previsível o fatídico resultado, não se poderia concluir que o réu o aceitava ou lhe era indiferente. Contra o réu, pesava o factível motivo do crime: o bebê estava atrapalhando sua vida sexual. Além disso, tinha a trajetória da bala: reta; se a criança foi atingida, foi porque em algum momento teve a arma apontada para ela, fosse o tiro acidental ou não. E, em vista da comparação dos pesos, sopesando as possibilidades, determinar-se-ia a permanência do réu na prisão por mais longos anos, caso reconhecido o homicídio doloso (quis a morte de seu filho ou assumiu o risco de produzi-la)[58], ou uma pena mais branda, a ser cumprida fora das grades, se culposo o homicídio (deu causa à morte de seu filho por imprudência)[59].

O promotor de justiça, quando se interrogava: "o que é que eu faço?", pesava-lhe "o olhar da opinião, esse olhar agudo e judicial"[60] — a opinião dos outros. Sabia que, no catecismo forense no qual fora instruído, "os homens valem por diferentes modos, e que o mais seguro de todos é valer pela opinião dos outros homens"[61]. Perscrutava: "o que dirão as pessoas?"[62]. Um pai pega uma arma de fogo com a qual desfere tiros agitando-a no ar, dentro do quarto onde se encontra seu filho,

---

58 Artigo 18, inciso I, do Código Penal.
59 Artigo 18, inciso II, do Código Penal.
60 ASSIS, Machado de. *Memórias póstumas de Brás Cubas*. São Paulo: Carambaia, 2019, p. 90.
61 Idem, p. 100.
62 Expressão retirada de: STIEFELMANN, Rabino Avraham. *Decifrando os tesouros do Talmud*. São Paulo: Vox Editora, 2021, p. 124.

uma criança de seis meses, e o promotor de justiça, defensor da sociedade e em nome dela, diz que houve apenas um descuido? Para o responsável por zelar e dar pleno cumprimento à lei — o promotor de justiça —, um pai que brande uma arma de fogo em sinal de ameaça, direcionando-a, em algum momento, para o filho ainda bebê é meramente um estouvado, e não um criminoso? Consente com uma pena leve e a soltura de um pai que matou a tiro o próprio filho? Essa é a resposta à sociedade que se espera do advogado do povo, o promotor de justiça?

Nos julgamentos, o promotor de justiça habitualmente argumentava que o advogado protestava pela absolvição do acusado porque não havia escolha; era obrigado a isso, sob pena de o réu ser declarado sem defesa, enquanto ele, o promotor de justiça, tinha liberdade para decidir pela absolvição ou condenação, e, portanto, mais isenção. Agora via-se nessa desditosa situação de não ter escolha, atado a uma única opção: pedir a condenação do réu, senão as mesmas pessoas que exigiam uma punição exemplar neste caso, voltar-se-iam contra ele, o promotor de justiça, com igual ferocidade. O povo não mais se sentiria representado, tampouco depositaria qualquer confiança nele, chamando-o de judas, por trair seu ministério público. Como invejava os juízes do Supremo Tribunal de Israel, que, em plena Jerusalém — cidade sagrada e destino de milhares de sobreviventes do holocausto —, anularam a sentença de morte imposta a John Demjanjuk, apontado, inclusive por ex-prisioneiros, como sendo "Ivan, o Terrível", guarda dos campos de extermínio de Treblinka e Sobibor, na Polônia ocupada pela Alemanha nazista. Invejava não pelo resultado — do qual até divergia —, e sim pela coragem; se ao menos fosse agraciado com o "pó" do destemor desses juízes não padeceria tanto.

Dessa forma, "tinha medo — não [...] de si, nem do código, nem da consciência, tinha medo da opinião"[63]; esse "tribunal anônimo e invisível [a opinião pública], em que cada membro acusa e julga, era o limite imposto à [sua] vontade"[64]; e a opinião pública, que nunca lê processo nem tem consciência, pedia a crucificação do réu.

Então, às vésperas do julgamento, ele, o angustiado promotor de justiça, que temia mais o juízo dos homens do que a justiça de Deus[65], interrogava os céus: "Senhor, por que me concedeu a capacidade de pensar? Por que me dotou com essa deficiência? Por que não me abençoou com uma mentalidade de rebanho?". Como não obtinha resposta, passou noite adentro examinando o que ocorria em seu íntimo: de que valem a inteligência e o conhecimento se subordinados à vontade de agradar aos outros?[66]; e, desejoso de obedecer mais a Deus do que aos homens, rogava com imensa devoção e arrebatamento: "Deus, dê-me força para fazer a coisa certa!". Implorava para que fosse imbuído pelo temor de pecar contra seu semelhante; e que esse temor precedesse à sabedoria[67]. Ficou assim em fatigante vigília a madrugada, suplicando e clamando para que "seu temor a Deus fosse tão forte quanto o seu temor aos homens"[68]; e, liberto do medo dos homens, agisse de acordo com a própria vontade.

---

63   ASSIS, Machado de. *Memórias póstumas de Brás Cubas*. São Paulo: Carambaia. 2019, p. 247.
64   Idem, pp. 247-8.
65   Padre Antônio Vieira, citado por NOVINSKY, Anita Waingort. *Viver nos tempos da Inquisição*. São Paulo: Perspectiva, 2018, p. 5.
66   BUNIM, Irving M. *A ética do Sinai: ensinamentos dos sábios do Talmud*. São Paulo: Sêfer, 2001, pp. 157-8.
67   Idem, p. 73.
68   TELUSHKIN, Rabino Joseph. *O livro dos valores judaicos: um guia diário para uma vida ética*. São Paulo: Virgiliae, 2015, p. 414.

PARTE UM : INÍCIO DA VIDA PÚBLICA DO PROMOTOR DE JUSTIÇA, O FILHO DA LEI

À luz da alvorada, que tardou a brilhar com intensidade, anunciando um dia cinzento, ergueu-se da cama, vestiu o terno, tomou café e foi ao tribunal, onde pediu num prato a cabeça do réu; e, em seguida, entregou-a à opinião pública.

Inexorável

Sobrinho do dono, era uma espécie de faz-tudo no prostíbulo, onde morava e amiúde paquerava ou namorava as garotas de programa que lá trabalhavam. No bordel, também era fácil arrumar drogas; esse era seu mundo e não conhecia outro. Com 18 anos recém-completados, envolveu-se numa confusão, vindo a matar uma prostituta. Ficou uns oito meses presos até ser solto, porque seu processo não andava; faltava juiz na comarca, e a demanda era grande. Em suma, pouco juiz para muito processo. Excedido o prazo para ser julgado, passou a responder ao processo em liberdade. Longe da casa de prostituição, teve diversas ocupações — todas lícitas e dignas —, arrumou emprego, casou e teve uma filha. Decorridos mais de nove anos desde sua soltura, o julgamento, enfim, foi marcado. Ele imediatamente atendeu ao chamado da Justiça, declarando pesarosa e resumidamente o que se segue:

A casa de prostituição era de meu tio. Por causa de envolvimento com drogas, arrumei confusão e tive que morar com ele lá. Usava maconha e cocaína na época. No dia em que aconteceu o ocorrido, eu já frequentava

o prostíbulo, dia e noite. A vítima fazia programa lá; e a minha namorada também fazia programa e morava no local. Eu atendia os clientes, trabalhava como balconista, recebia o pagamento, fazia a limpeza, era como se fosse um ajudante do meu tio. O meu tio era quem comandava, e eu fazia. No dia em que a vítima morreu, ela chegou com uma amiga dela, falou com meu tio, que até achou legal, porque estava trazendo mais uma... hã... vamos colocar assim, "funcionária", que não é o certo... vamos dizer isso, mais uma pessoa pra fazer programa... e uns dias atrás nós, eu e minha namorada, havíamos tido um atrito com a vítima, negócio até de ciúme. A vítima começou a me entregar, dizendo para o meu tio que eu estava usando drogas no trabalho e outras coisas que eu fazia escondido. Daí eu não gostei. Além de não gostar caí na pilha também... fui robozinho, fui... como eu posso dizer... induzido. Não foi somente por minha parte, mas teve também vontade própria, porque também tive raiva da vítima no dia. Fui induzido pela minha ex-namorada. Quando fechou o estabelecimento de madrugada, a vítima tinha até ficado com um cliente. O cliente dormiu com ela lá, né; e no momento que esse cliente foi embora eu já estava sob efeito de drogas. Fiquei a noite todinha usando drogas. Arrumei um pedaço de madeira, que ficava no estabelecimento, atrás da porta, em caso de algum assalto, alguma coisa, né... meio que pra proteção... aí eu estava bastante drogado e só sei que invadi o quarto, comecei a bater na vítima... antes eu já estava com raiva da vítima e meio que estava pensando em fazer alguma coisa... desferi alguns golpes nela... ela acordou gritando "que qué isso...", saiu correndo do quarto... eu fui atrás. No corredor, a gente começou uma luta meio que corporal... a gente começou a lutar, e no que a gente começou a lutar o pau tinha caído da minha mão, a gente caiu no chão, ela também me agrediu, me mordeu. Eu fiquei em cima dela, ela ficou de bruços no chão e eu fiquei por cima, pelas costas. Foi até na hora que eu tava tentando enforcá-la, e ela mordeu o meu braço... daí a minha ex-namorada trouxe uma faca pra mim, enrolada num pano, eu lembro até hoje, enrolada num pano de TNT, e me entregou. Com essa faca comecei a desferir vários golpes, que até então no momento não sabia quantos golpes tinham sido, eu fui saber bem depois, já preso... Não me recordo se minha ex-namorada falou alguma coisa. Quando acabou, vi a vítima se arrastando no corredor, falando "eu vou te matar, eu vou te matar...", eu lembro disso ainda, ela falava "eu vou te matar, eu vou te matar...". Troquei de roupa e saí pelos fundos... Após todo o ocorrido (assassinato), chegou outra garota de programa, e meio que ameacei ela, né; passei por ela, que estava chorando... falei que se ela contasse pra alguém iria atrás dela... iria fazer o mesmo com ela. Na delegacia, eu menti ao dizer que a vítima partiu pra cima de mim primeiro com um pau. Nessa parte aí, a atitude foi minha. Fui eu que comecei... a vítima estava no quarto... fui eu quem pegou o pau... eu que tomei a atitude e fui pra dentro do quarto. Hoje eu estou falando a verdade: a atitude foi minha, eu que comecei com os golpes de pau, depois teve a luta corporal e a faca veio pra minha mão. Não posso começar uma vida nova mentindo. Fiquei oito meses preso. Quando saí fui morar com uma tia, a partir daí comecei a trabalhar... trabalhei cinco meses sem carteira assinada. Depois me apresentei no quartel, fui dispensado, e, depois que fui dispensado, um ou dois meses mais ou menos, fui chamado novamente nessa lavanderia onde trabalhei. Aí fui fichado, trabalhei um ano e seis meses. Foi onde conheci minha atual esposa. Nós saímos, recebemos o seguro-desemprego. Depois comecei a trabalhar de motorista. Trabalhei um ano com carteira assinada. Saí também, depois trabalhei em outra lavandeira quatro meses, sem carteira assinada. Deixei esse emprego para trabalhar oito meses em uma empresa... entrou outra empresa no lugar, onde trabalhei três meses, até eles me mandarem embora; e hoje estou há dois anos e cinco meses trabalhando no depósito de um supermercado como conferente. Depois que eu saí (da prisão), realmente quis mudar de vida, porque aquilo não era vida. Nunca. Não é pra ninguém. Eu me arrependo (do que fiz), amargamente. Eu me arrependo, até porque depois do que aconteceu, quando já estava na cadeia, fiquei sabendo que a vítima tinha uma filhinha... Nunca mais me envolvi com drogas. Tenho família. Tenho uma filha de um ano e cinco meses...

Ao final de seu depoimento, o acusado chorou. Não lágrimas de crocodilo, mas, sim, lágrimas sinceras e quentes. A sinceridade da confissão e do arrependimento foi tamanha que se poderia até apalpá-la, tocá-la com as mãos; e o acusado, que estava naquele dia no banco dos réus, era outra pessoa. Não o homicida de aproximadamente dez anos atrás, não o libertino da casa de tolerância, onde tem livre curso a "devassidão verdadeira [...] na libertação de si mesmo de uma relação moral com a mulher com quem se entra em contato físico"[69], e sim o ressocializado, o redimido, em paz consigo mesmo. A cena não era inédita: "muitas vezes, entre o fato e a sentença antecipa-se a 'readaptação' convicta e segura que a pena destruiria"[70].

A propósito, sobre julgar o homem "como um todo", a matemática, cujas leis regem o mundo, e os sábios, que são depositários do conhecimento milenar a respeito da natureza humana, dizem, cada qual a sua maneira, a mesma coisa. Para a matemática, "somos o produto de todos os nossos atos, não o resultado de um ou dois erros"[71]. Para os sábios:

> A limitação inerente às nossas instituições de justiça é que elas só podem julgar o ato, e não o homem. Quando um indivíduo é acusado de um crime, isto, e mais nada, é considerado. Raramente são levadas em consideração suas boas ações. "Em lugar de justiça há crime" e mais nada[72].

Posto isso, muitas pessoas devem estar pensando, ansiosas por saber como, unificando justiça e compaixão, chegou-se a uma solução de compromisso. Um meio-termo: condenação do réu, sem, contudo, afastá-lo do emprego e da convivência com a família; ou seja, nem impunidade, nem prisão.

Essas pessoas são ingênuas.

---

69   TOLSTÓI, Lev. *A sonata a Kreutzer*. São Paulo: Editora 34, 2010, p. 22.
70   LYRA, Roberto. *Como julgar, como defender e como acusar*. Belo Horizonte: Líder Editora, 2020, p. 16.
71   SUMPTER, David. *As dez equações que regem o mundo*. Rio de Janeiro: Bertrand Brasil, 2021, p. 47.
72   Rabi Meir Leibush bem Iechiel-Michl, o Malbim (1809-1879), erudito rabínico russo, citado em BUNIM, Irving M. *A ética do Sinai: ensinamentos dos sábios do Talmud*. São Paulo: Sêfer, 2001, p. 37.

As boas ações não compensam nem anulam as más[73]; "a lei, do modo como é expressa e imposta pelo tribunal, nem sempre é o ideal maior ao qual os homens devem aspirar"[74]; e promotores de justiça que se prezam não pedem nem aceitam absolvição por clemência, muito menos de réu confesso. Não se sentem responsáveis pela "lei e seu rigor", cabendo-lhes, "por mais cruel que possa parecer a lei [...], apenas aplicá-la e cumpri-la"[75]. A piedade é um ponto cego na sua atuação funcional, quando perseguem a justiça:

> no crime, não conhecem o homem, não o veem, e não têm mesmo o direito de conhecê-lo e vê-lo. Para eles, existe apenas o ato, a gravidade do ato, e o que importa é que o ato seja castigado. Em verdade, deixam de ser homens eles próprios, e não é voz de homem a que pede contas ao culpado da sua conduta, nem quer mesmo que a tomem por voz humana. Situados acima dos partidos, em uma esfera fechada a toda piedade, despojados de personalidade, tornam-se servidores e mandatários da comunidade. Tal é a ideia que se faz de um promotor e a que ele próprio faz de si mesmo[76].

A hora de pagar é difícil e dolorosa. Condenado o ex-faz-tudo da casa de prostituição a 23 anos de prisão, tornaram a vesti-lo com as vestes bege e brancas de presidiário, e levaram-no algemado para o camburão. Ofereceram-lhe antes o jantar,

---

73   Idem, p. 240. No original: "[...] as ações meritórias e as maléficas existem e exercem sua influência independentemente uma da outra. Uma não compensa nem anula a outra".
74   BELKIN, Samuel. *A filosofia do Talmud*. São Paulo: Sêfer, 2003, p. 214.
75   MELVILLE, Herman. *Billy Budd, marinheiro*. Porto Alegre: L&PM, 2005, p. 106.
76   WASSERMANN, Jacob. *O processo Maurizius*. Campinas: Sétimo Selo, 2021, p. 72

PARTE UM : INÍCIO DA VIDA PÚBLICA DO PROMOTOR DE JUSTIÇA, O FILHO DA LEI

mas não quis comer; a mulher, a mãe e outros familiares do acusado "batiam no peito e se lamentavam por causa dele"[77]. Ao chegar na penitenciária, com dois outros presos, lançaram-no na "fornalha ardente" do inferno prisional, onde poucos são os salvos e há "choro e ranger de dentes"[78].

DE CÁTEDRA

Mataram para roubar: um crime de latrocínio. Os assaltantes chegaram na vítima, berrando: "Perdeu!". A vítima perdeu os bens (telefone celular, dinheiro, relógio) e a vida; depois a decapitaram, jogando o corpo e a cabeça cortada numa cisterna. No dia seguinte, um dos assaltantes deu um "banho" — como se diz na gíria do crime — nos demais comparsas: ficou com o produto do roubo. Descoberto, um dos membros da quadrilha atirou nele, mas errou o tiro. Houve, pois, dois crimes, o latrocínio (roubo seguido de homicídio) cometido contra a vítima decapitada, e a tentativa de homicídio praticada por um dos assaltantes contra outro. O latrocínio foi encaminhado a uma vara judicial com competência para julgar esse tipo de crime; e a tentativa de homicídio, por se tratar de crime doloso contra a vida, ao júri popular. Aqui encontramos o diligente promotor de justiça, debruçado sobre o processo à procura de alguma prova — uma mínima evidência que seja — da tentativa de homicídio. Mas, para esse crime, faltava a prova que sobrava no anterior: o latrocínio. Para piorar, o assaltante-vítima, cuja

---

77 Lc 23,27-28
78 Mt 13,42.

vida teria sido atentada pelo seu sócio no crime, tinha uma ficha criminal extensa com muitas passagens pela polícia; e estava foragido. Não compareceria ao julgamento. Tampouco havia testemunha. O caso, em suma, era de absolvição. Sem escapatória. O juiz até disse ao promotor de justiça que não existia um indício sequer para justificar a ida do réu a julgamento, classificando a situação como constrangedora. Uma eventual condenação bem poderia ser anulada pelo tribunal. Tudo dependia de encontrar e prender essa vítima — tão delinquente quanto o réu.

Porém, para se dar ao respeito, promotor de justiça não dá alívio ao réu, principalmente com a índole do acusado, que, além do latrocínio, tinha no passado cometido outros crimes violentos, entre os quais um duplo assassinato com extrema crueldade, a nos encher de espanto e horror (havia agredido duas adolescentes, batendo-lhes na cabeça com o extintor do carro e uma chave de roda; depois, colocou-as desfalecidas no meio da pista e passou o carro por cima delas mais de uma vez). Consideraria uma mácula na sua carreira pedir a absolvição de réu que cria ser um facínora. Não havia a mínima hipótese de isso acontecer; às favas, senhor juiz, neste momento, todos os escrúpulos de consciência[79]. O que move o promotor é a profunda e arraigada convicção de que acusados desse naipe voltarão a delinquir, tornando a fazer mal a alguém; e, existissem estatísticas para casos que tais, os números provavelmente lhe dariam razão. Insistiu, pois, na inquirição da vítima da tentativa de homicídio, o

---

79 Expressão original: "Ignoro, senhor presidente, neste momento, todos os escrúpulos de consciência", dita por ex-ministro de Estado durante a reunião que decretou o Ato Institucional nº 5 (AI-5), em 1968.

quadrilheiro ausente, mesmo sabendo da inviabilidade de encontrá-lo. Com isso, o julgamento foi adiado.

Indo embora, diante da pergunta do estudante estagiário que o acompanhava — "Mestre, não te importas que seja prolongado um processo criminal destinado, irremediavelmente, ao arquivo?" —, o promotor, como um especialista em diplomacia, a empregar estratégia muito em voga nas relações internacionais (*wait and see*)[80], instruiu com autoridade tal estagiário: "deixa boiar, deixa boiar...".

Permuta

Depois de deixar a filha na escola, sumiu. Desapareceu. O carro com o qual levara a filha para o colégio também não foi visto. No trabalho, ninguém sabia dele. O telefone celular não atendia. Estava desligado ou fora da área de serviço. Nunca tinha acontecido isso antes. Ele não tinha inimigos. Rotineiro, seu itinerário habitual era sempre o mesmo. De casa para a escola da filha, e dali para o trabalho. Fim de tarde, fazia o caminho inverso, pegava a filha na escola, retornando para casa. Não mudava o trajeto nem para tomar um cafezinho na padaria. Nesse dia, a esposa teve que buscar a filha na escola, sem receber nenhum recado ou aviso da parte dele. Ela, então, nem esperou o dia seguinte — muito menos as tão propaladas 24 horas — para registrar um boletim de ocorrência na delegacia de polícia, comunicando o desaparecimento de seu marido.

---

80 Tradução livre: espere e veja.

À noite, familiares e amigos, tomados pelo desespero, já se mobilizavam, à procura do desaparecido. Foram a hospitais e necrotérios. Passaram assim dois dias e duas noites de vigília, fazendo suposições, que geravam mais aflição. Uns rezavam, outros estavam à base de fortes tranquilizantes; e, a cada minuto que se passava, crescia a angústia por notícias, tornando a espera insuportável.

Eis que a polícia prende um indivíduo, que teria cometido assaltos, na madrugada; e, ao vasculhar o telefone celular dele, a polícia encontrou algumas fotos e vídeos, em que aparecia, em segundo plano, o carro do desaparecido. Nos vídeos, havia vozes e risos de fundo; e o carro estava parcialmente desmontado ao lado de outros — provavelmente em um desmanche. Mas o indivíduo preso recusava-se a dizer onde havia tirado as fotos e gravado os vídeos; nem dava qualquer informação sobre o carro ou a pessoa desaparecida. Na pena de Machado de Assis, ele "recolheu-se a um inviolável silêncio"[81]. À vista disso, não é difícil adivinhar o que aconteceu em seguida.

A polícia moeu o indivíduo. Deram nele socos e chutes, no estômago e no rosto; tapas com as mãos abertas nos dois ouvidos ao mesmo tempo (técnica de tortura conhecida por "telefone"). Jogaram gás de pimenta em seus olhos. Amarraram seus punhos e pés, colocando-o sobre um formigueiro. Bateram com uma palmatória em seus testículos. Submergiram sua cabeça na água, repetidas vezes e por longo tempo (afogamento simulado); e, após pendurá-lo, aplicaram sucessivos choques elétricos, quase causando-lhe uma parada cardíaca. Se o indivíduo morresse, tivesse ossos fraturados ou perdesse

---

81 ASSIS, Machado de. A parasita azul. GUIMARÃES, Hélio de Seixas (ed.). *Histórias da meia-noite*. São Paulo: Martins Fontes, 2007, p. 25.

sentidos (p. ex. visão ou audição), a culpa seria dele mesmo. Afinal, voluntariamente se expôs ao tormento que poderia evitar falando o que sabia acerca do paradeiro do desaparecido; e, ao não revelar informações que poderiam salvar uma pessoa sequestrada, compartilhava da responsabilidade de quem quer que estivesse com ela. Enfim, ficou parado, enquanto o sangue do próximo era derramado. Um silêncio criminoso[82].

Dois dias depois, o advogado do indivíduo foi ter com o promotor de justiça. Indignado, exibia fotografias mostrando vestígios da violência empregada contra seu cliente: equimoses e escoriações em diversas partes do corpo; dedo fraturado; lesões compatíveis com choque elétrico nas costas e nos órgãos genitais; marcas de queimadura feitas por bituca de cigarro; ruptura do tímpano; edema na cabeça e na região do pênis.

Havia, pois, dois fatos comprovados. O primeiro era que, se o indivíduo preso não conhecia o paradeiro da pessoa desaparecida, seguramente sabia de informações relevantes que ajudariam a encontrá-la. Não se tratava de uma mera suposição — as imagens do carro estavam ali, no seu telefone celular; e ele, o preso, aparecia nelas, nas mesmas fotos e vídeo que mostravam o carro. A pessoa desaparecida poderia, em tese, estar viva; talvez encarcerada em algum lugar; ou ferida, necessitando de atendimento médico urgente, enquanto os familiares sofriam, presos num pesadelo, diante da incerteza quanto ao que, de fato, acontecia. O segundo fato comprovado era que o indivíduo preso fora barbaramente torturado.

---

82 Sobre o assunto ("quando o silêncio é criminoso"), cf. TELUSHKIN, Joseph. *O livro dos valores judaicos: um guia diário para uma vida ética.* São Paulo: Virgiliae, 2015, p. 463-4.

Assim, durante o tempo em que o advogado discorria sobre os sinais de tortura apresentados por seu cliente, exigindo a imediata adoção de providências contra tal desumanidade, os pensamentos do promotor de justiça estavam longe dali, em outro lugar, no recôndito da sua mente, objetando-lhe: "Quem é a vítima? Quem torturou quem?".

Status quo

Eram amigos de infância. Cresceram juntos, viviam no mesmo bairro e tinham a mesma idade, até que, numa dessas festas regadas a álcool e drogas, houve um desentendimento, e um deles matou o outro. O que matou foi preso; e, após pouco mais de um ano na cadeia, passou a responder ao processo em liberdade. Solto, mudou-se para longe. Casou-se, teve filhos e nunca deixou de trabalhar. As famílias, que se davam bem antes do fatal acontecimento, pararam de conversar entre si. Cortaram qualquer tipo de relacionamento. No máximo, um aceno à distância na igreja que ambas frequentavam.

Quase uma década depois do assassinato, o julgamento foi marcado. Ainda réu pela morte do amigo, retornou à sua cidade natal para — tão só e prontamente — atender ao chamado da Justiça; e lá estavam a sua família e a da vítima, uma ao lado da outra. Se não fosse pelo local próprio destinado a elas no tribunal, poder-se-ia dizer que se tratava de uma única e mesma família, tamanha a semelhança entre elas. Indistinguíveis em tudo, inclusive na vestimenta, cor da pele e semblante.

Os familiares do réu não guardavam ilusões. Sabiam que ele era culpado, mas alimentavam a expectativa de que, embora condenado, não seria preso; cumpriria uma pena alternativa ou algo do gênero. Para tanto, desejavam o perdão da família da vítima. Quem sabe o promotor de justiça "pegasse leve", aliviando o peso da acusação, e o juiz fosse benevolente ao calcular a pena. Não se equivocavam ao pensar dessa forma. Nesses casos, o perdão da família da vítima pode predispor o promotor de justiça à indulgência. Funciona como uma senha, autorizando-o a "transigir com sangue alheio". Um consentimento tácito para que ele possa fazer um acordo, que, talvez, se constituiria numa viável solução para o caso, dadas as circunstâncias: prisão do réu logo depois do assassinato, por cerca de um ano; longo tempo transcorrido desde sua soltura — perto de dez anos; e vida ilibada do réu durante esse período, sem cometer crime ou qualquer outro ato que o desabonasse. No arranjo, o réu seria condenado, mas não preso; cumpriria a pena, sem ser encarcerado.

A propósito, as pessoas são capazes de perdoar; e, sendo pessoas, juízes perdoam, jurados perdoam, testemunhas perdoam e até promotores de justiça perdoam. Difícil — diria dificílimo — é a família da vítima perdoar. Os familiares da vítima queriam apenas "que ele (o réu) pagasse pelo que fez"; isto é, aplicar a lei: *dura lex sed lex* (a lei é dura, mas é a lei), como diz o brocardo jurídico; e protestavam: "de que vale punir se não for para a cadeia?".

Assim, o réu foi condenado a mais de doze anos de prisão. Não obstante, como estava solto há dez anos, o juiz decidiu que ele não seria preso naquele momento, permitindo-lhe recorrer da sentença condenatória em liberdade. Desencarnado que fosse da lei que personificava, o juiz era bem capaz de dizer ao réu: "Foge! Dá no pé, pra não ser preso!".

Dali para a frente, o caso subiria à superior instância — o tribunal —, ficando fora da alçada do juiz e do promotor de justiça. Outras autoridades incumbir-se-iam do destino do réu; e, não mais lhes dizendo respeito tal caso, ambos — juiz e promotor de justiça — foram embora com o sentimento de que estavam moralmente desonerados e eram irresponsáveis pelo porvir, enquanto os demais presentes no julgamento saíram com a mesma angústia e apreensão que tinham ao nele entrar: os familiares da vítima com a sensação de impunidade, e os do réu com o pressentimento de desgraça iminente, pairando a pena imposta sobre a cabeça dele como uma espada de Dâmocles.

P.S. No tribunal, para onde fora alçado o processo, permaneceu a sensação de tolerância ao crime de um lado e de danação prestes a acontecer de outro. Não tendo como passar o processo para frente, adiavam decidi-lo; e, assim, a situação continuou indefinida até não poder mais.

Contramão

Dois casos muito semelhantes. Em ambos, os acusados, após uma discussão na rua, buscaram em casa uma faca com a qual desferiram um golpe na cabeça dos respectivos desafetos, que não morreram.

Processados por tentativa de assassinato, confessaram a agressão, mas não a intenção de matar. Alegação essa (falta de disposição para matar) endossada por duas circunstâncias: a quantidade de golpes (um só, podendo, quem sabe, se quisessem matar *mesmo*, ter dado outros, antes de serem contidos por terceiras pessoas) e a força empregada, dada pela extensão do ferimento (um corte não tão profundo, sem risco de morte, que levou dez pontos). Em sentido contrário, evidenciando o ânimo de matar, também duas coisas: o instrumento utilizado por cada qual dos acusados para agredir os desafetos (faca grande, tipo peixeira, com lâmina de aço) e o local do golpe (a cabeça); se o intento era apenas agredir, em vez de faca, poderiam ter usado as mãos ou os pés; e o golpe poderia ser desferido em outra região do corpo que não a cabeça.

O que diferia um processo do outro, pois, não eram os crimes nem o motivo ou o modo de execução, e sim os autores — os réus. Um deles, primário e com bons antecedentes. Tudo indicava que era trabalhador e digno pai de família. O outro havia sido preso e processado antes, inclusive por agredir ex-companheiras; era fugitivo do sistema prisional quando esfaqueou seu desafeto; e "não há meio de vida legal para um foragido da Justiça"[83].

Santo Agostinho[84] disse há mais de um milênio: *Cum dilectione hominum et odio vitiorum* (Ame o pecador, odeie o pecado). Dizem hoje os compêndios de Direito, dando uma roupagem laica ou secular a esse ensinamento: julga-se o fato, e não o autor. Porém, nem a mensagem teológica penetrou no coração dos homens, nem a doutrina temporal entrou na mente das pessoas. Muito menos de um promotor de justiça,

---

83 MENDES, Luiz Alberto. *Confissões de um homem livre*. São Paulo: Companhia das Letras, 2015, p. 366.
84 Aurélio Agostinho de Hipona (354-430). Um dos doutores da Igreja Católica; também foi teólogo e filósofo.

cujo raciocínio, diante de acusados com personalidade forjada na cultura criminal[85] — "voltada para a prática de crimes", na usual linguagem judicial —, parte do criminoso para chegar ao crime[86]. Parafraseando Jesus em Mt 19,24, é mais fácil um camelo entrar pelo buraco de uma agulha do que um promotor de justiça inocentar um malfeitor contumaz.

E assim somente um dos acusados pagou por seu ato.

---

85 Luiz Alberto Mendes, que se tornou escritor na prisão, onde cumpriu mais de três décadas de pena, discorre com propriedade, nas suas obras, sobre a cultura criminal nas prisões, como nesta primorosa passagem de Às cegas (São Paulo: Companhia das Letras, 2015, pp. 292-293), acerca da evangelização de detentos:

> O problema é que a natureza não dá saltos. Esse é o maior erro de todos os religiosos que adentram as prisões no intuito de "transformar" presidiários. Querem resultados imediatos para suas intervenções. Vivem em busca deles. Quiçá para justificarem sua própria falta de fé. Aos presos, carentes e sem ninguém, não resta alternativa, só fazer o jogo. Eles exigem de si acima de sua capacidade e condição.
>
> Permitem a lavagem cerebral. Oferecem, a esses religiosos cheios de boas intenções, aquilo que esperam dele. Ou seja, uma transformação instantânea. Fornecem testemunhos emocionais de como eram maus e perversos. Agora, salvos pela magia da religião, como se sentem humanos e bons.
>
> Egressos da prisão, são jogados na sociedade, que é hipócrita, preconceituosa e altamente competitiva. Não sabem o que fazer. Estão defasados. A vida continuou enquanto eles estavam parados, na cadeia. Julgam-se traídos e reagem da única maneira que conhecem, somada à violência reprimida por anos a fio.
>
> "Os missionários" esquecem ou às vezes nem sabem. A personalidade criminosa demorou décadas para ser construída. Não dá para diluir valores tão solidamente sedimentados num passe de mágica. A cultura criminal impregna até os ossos. Dizem que Deus tudo pode. Deve poder mesmo. Mas me é de todo impossível entender desse modo.
>
> O trabalho de comparação, experimentação e consequente substituição de valores é para uma vida toda. Principalmente tendo em vista a sociedade injusta em que estamos inseridos. Os valores da cultura criminal assimilada na prisão são desagregadores, invertidos e subversivos, mas sérios.

86 Luiz Alberto Mendes afirma algo similar sobre a tortura praticada pela polícia em Memórias de um sobrevivente (São Paulo: Companhia das Letras, 2001, p. 275): "Eles vão do criminoso ao crime e não do crime ao criminoso, como seria a lógica".

Implacável

O promotor de justiça sempre quis investigar os desmandos ocorridos na prefeitura. Mas não tinha tempo nem meios para isso. Estava a todo momento assoberbado. Apurar casos de corrupção equivalia a apenas uma pequena parte de seu trabalho, competindo-lhe também atuar em situações envolvendo menor abandonado, pessoa com doença mental, pensão alimentícia, divórcio, investigação de paternidade, meio ambiente, registros públicos, violência doméstica, defesa da saúde e do consumidor etc. Além de ter que processar todo tipo de criminoso — de ladrões de galinha a assassinos e traficantes de drogas. Vivendo, portanto, no improviso, para dar conta de tanto serviço, ainda dependia dos governantes.

Há anos os prefeitos, sucessivamente, cobriam as despesas do Poder Judiciário, da Delegacia de Polícia e, inclusive, da própria instituição que ele integrava, o Ministério Público; pagavam as contas de luz e água; forneciam produtos de limpeza e higiene, inclusive papel higiênico; cediam funcionários e providenciavam o cafezinho. O tribunal do júri, onde os acusados de homicídio eram julgados, não tinha sequer espaço próprio; funcionava na Câmara de Vereadores ou no salão paroquial da cidade. Em tempos remotos, até a moradia do juiz, do promotor de justiça e do delegado de polícia era bancada pelos prefeitos. Como investigar os donos do poder se quem os investigava e julgava comia na mão deles? Tudo gravitava em torno da prefeitura, que acudia todos.

Com o tempo, as coisas gradativamente mudaram. O Poder Judiciário, o Ministério Público e a Polícia estruturaram-se. Construíram sedes separadas e independentes dos órgãos municipais; realizaram concursos públicos, formando seus próprios quadros de funcionários; especializaram suas atividades, criando varas judiciais com competências específicas (família, cível, criminal, fazenda pública etc.) e grupos de atuação de combate ao crime organizado. Agora, havia juízes e promotores de justiça dedicados exclusivamente à causa anticorrupção. Leis e tecnologia novas ampliaram as possibilidades de investigação, como a captação ambiental de sinais eletromagnéticos, ópticos ou acústicos. Interceptações de comunicações telefônicas e telemáticas tornaram-se cada vez mais empregadas. Conferiu-se operacionalidade à delação premiada, que, *grosso modo*, consiste em premiar o acusado com a redução da pena, em troca da confissão do crime e denúncia dos cúmplices. Concomitantemente, entrou na ordem do dia uma nova pauta no foco da sociedade. Uma pauta moralista.

Impulsionado à ribalta por essas mudanças, inflamado e arrimado nessa viçosa agenda moralizante, o promotor de justiça, "com ardor da ira justiceira"[87], anunciou a boa nova: a punição dos ricos e poderosos; e "a boa nova tem pressa"[88]. Tendo terminado o tempo de espera, lançou-se ao trabalho com afinco e determinação. Acreditava na justiça e na sua vocação para buscá-la, tendo "uma missão, que a natureza e o destino o haviam mandado à terra para endireitar os tortos políticos"[89]. Finalmente, colocaria em prática todo o seu altruísmo.

---

87 BUNIM, Irving M. *A ética do Sinai: ensinamentos dos sábios do Talmud*. São Paulo: Sêfer, 2001, p. 226.
88 KONINGS, Johan; GOMES, Rita Maria. *Marcos: o evangelho do reinado de Deus*. São Paulo: Edições Loyola, 2018, p. 20.
89 Frase que tomo emprestada de Machado de Assis, do conto "Aurora sem dia". *In*: GUIMARÃES, Hélio de Seixas (ed.). *Histórias da meia-noite*. São Paulo: Martins Fontes, 2007, p. 141.

PARTE UM : INÍCIO DA VIDA PÚBLICA DO PROMOTOR DE JUSTIÇA, O FILHO DA LEI

Daí, sobrou para o governante da vez. Processou-o e pediu sua prisão. Prejulgando, vazou sistemática e rotineiramente informações sigilosas para a imprensa, na busca de apoio da opinião pública às investigações. Gratos, os jornalistas firmaram uma inevitável aliança com o promotor de justiça. Uma simbiose (promotor de justiça e jornalista) inevitável e patológica. Inevitável, porquanto motivada pelos mesmos propósitos ("impactar", provocando *frisson* na sociedade) e vícios inerentes a ambos (presumir a má-fé e a mentira de todos que integram o *status quo*). Patológica porque embasada na associação entre imprensa e promotor de justiça em benefício mútuo, na percepção de que um usava o outro, e alimentada pela credibilidade popular:

> É excessiva, para não dizer estúpida, a credulidade da maioria dos ledores de jornais. Falta neles, por completo, o senso crítico, e dir-se-ia que disto se aproveitam os que, apaixonadamente, se atiram contra certas pessoas, em campanhas jornalísticas.[90]

Para o promotor de justiça, sem a pressão da imprensa, o processo não andava; nada acontecia; ninguém era punido. O mais das vezes ele tinha razão, só que o emprego da impressa nunca constou no rol dos instrumentos de atuação do Ministério Público.

Calçado assim nesse contubérnio com a imprensa — cuja tendência "não é procurar a verdade, mas comprovar uma acusação [...] não procura os fatos, pois os jornalistas

---

90 MORAES, Evaristo de. *Reminiscências de um rábula criminalista*. Rio de Janeiro: Briguiet, 1989, p. 200.

brasileiros muitas vezes são preguiçosos"[91] —, o promotor de justiça achou uma organização criminosa na administração pública. Imputou deficiências histórico-estruturais aos gestores atuais, incriminando-os por não as debelar. O "interesse público", que a tudo justificava, servia de blindagem a quaisquer questionamentos à sua atuação funcional. O promotor de justiça dizia ter se instalado no governo uma cleptocracia — a prática sistemática de corrupção; e, nesse "governo de ladrões", o chefe do Poder Executivo era quem comandava, o líder-mor do "toma-lá-dá-cá" na política. Era o cabeça do maior esquema criminoso jamais visto e comprovado na história do país. Nas habituais entrevistas coletivas, o promotor de justiça contava com o auxílio de uma assessoria de imprensa para convertê-las em espetáculos de massa — autos de fé ressurgidos sob uma nova roupagem; e neles, carregava nas adjetivações, em referência ao governante: criminoso, bandido, quadrilheiro etc. Incansável, pregava em alto e bom som que quem governava queria apenas se enriquecer e perpetuar-se no poder, não dispondo de dignidade para ocupar o cargo; seu nome, pois, precisava ser proscrito como infame.

No decorrer do processo, porém, verificou-se que o discurso fora maior que a imputação, ou seja, o governante tinha culpa, mas não na dimensão que se lhe atribuía. Em parte, porque o governante não podia ser responsável por tudo que acontecia no governo nem por todos; em parte, porque a aversão contra ele, aos poucos, arrefeceu — a roda da vida e da fortuna não para de girar. Num dia, estamos por cima; no outro, por baixo.

---

91 Depoimento de Richard Pedicini, um dos acusados injustamente pela imprensa no caso Escola Base, envolvendo denúncia de abuso sexual contra alunos, que se revelou improcedente. *In*: COUTINHO, Emílio. *Escola Base*. São Paulo: Casa Flutuante, 2016, p. 68.

Não deveria, então, o promotor de justiça pedir a condenação do réu, na medida de sua culpa, sem grande estardalhaço? Mas era tarde demais. Tinha ido muito longe como guardião da moral — nas exposições e acusações feitas em público — para recuar. Aceitar "as consequências ultrapassava suas forças"[92], mesmo correndo o risco de, num futuro próximo, ser entregue "aos verdugos, até que pagasse toda a sua dívida"[93].

Mordaça

Rixa entre duas famílias. Pessoas assassinadas de ambos os lados. A situação tornou-se incontrolável, instando a polícia a agir para dar fim à briga; e ela agiu ao seu feitio, prendendo. Prendeu um homem de uma das famílias pela morte de outro da família rival. Levado à presença do juiz, o homem não conseguia se conter de tanta ansiedade. Queria muito falar. Dizer que não tinha nada a ver com os assassinatos; que nunca tomou parte nesse conflito entre as famílias; que jamais havia sido preso antes, e sequer entrado numa delegacia. Mas, mal começou a articular as palavras, foi interrompido pelo juiz, que lhe disse: "Isto é uma audiência de custódia. Não se presta a discutir se você é inocente ou culpado. Vamos apenas avaliar só o tratamento que recebeu da polícia desde a sua prisão. Falaremos sobre o crime em outro momento mais oportuno. É a lei!". Decepcionado, e cumprida a formalidade, nada disse o homem sobre a questão central — suposta participação

---

92 WASSERMANN, Jacob. *O processo Maurizius*. Campinas: Sétimo Selo, 2021, p. 334.
93 Mt 18,34

em um homicídio — que motivou sua prisão, tendo sido, em seguida, conduzido para a cadeia, onde deveria permanecer preso por trinta dias. Uma prisão temporária para a polícia melhor apurar o caso. Decorridos os trinta dias, porém, e não terminada a investigação, a prisão foi prorrogada por igual período: trinta dias. Tudo conforme a lei[94].

Passados os sessenta dias, e concluída a investigação, o promotor de justiça recebeu o inquérito para analisá-lo. Cinco dias depois, com base no que a polícia havia apurado, denunciou o homem à Justiça, pedindo que ele fosse processado e condenado por assassinato. Com o recebimento da denúncia pelo juiz, muita coisa mudou: o homem deixou de ser um mero suspeito ou investigado. Doravante, ele era réu; e sua prisão não era mais temporária, mas, sim, preventiva, ou seja, por prazo indeterminado. O que não mudou foi o seu estado de locomoção: permaneceu preso.

Formalmente acusado, o homem foi chamado ao processo para responder à acusação, no prazo de dez dias[95]. Não seria desta vez, entretanto, que ele compareceria perante o juiz, pessoalmente ou por videoconferência, para, de viva voz, falar e fazer-se entender. Deveria comunicar-se com o juiz por escrito, e através de um intermediário, o advogado que lhe fora nomeado. O que é bem diferente de explicar com as próprias palavras, ainda mais quando o juiz tem um amontoado de papéis ou documentos para se debruçar e ler, bem como numerosos casos para julgar. Dessa maneira, a resposta pouca utilidade teve. O juiz, após analisá-la de modo superficial, dispensando à tal peça do advogado não mais

---

94 Artigo 2º, § 4º, da Lei 8.072/90.
95 Artigo 406 do CPP.

que uma rotineira atenção, marcou audiência para instruir o processo para dali a 45 dias.

Na audiência, o juiz, cumprindo a lei[96], começou a ouvir primeiro os parentes da vítima e inimigos da família do homem preso, o réu. Testemunhas de acusação que eram, os rixosos acusaram; hostis e com intenções vingativas, desancaram a família do réu, incutindo no juiz uma péssima impressão sobre ela e, inevitavelmente, a respeito dele, o acusado; o próprio réu, como parte de sua família, não estava alheio ao comportamento dos seus. Alguma culpa, pois, deveria ter. Nesse momento, poder-se-ia dizer que o juiz firmou sua convicção sobre a possibilidade de participação do réu no assassinato; se não, inconscientemente, até lhe parecia justo puni-lo, em razão da conduta do grupo a que pertencia. Todavia, devido ao tardar da hora, a ausência de algumas testemunhas e a não localização de outras, a audiência teve que continuar em outro dia; e esse dia chegou dois meses depois.

Sobreveio, enfim, o momento de o réu falar. Dar a sua versão dos fatos, diretamente, sem ninguém entre ele e o juiz. No fim do processo, por último, como determina a lei. Mas o réu nunca quis falar por último. Essa história de falar no final não era para ele. Poderia ser bom para quem está preso por crime do colarinho branco, empresarial, como lavagem de dinheiro, fraudes e subornos; que se esconde atrás de um excesso de papelada e em meio a teses jurídicas complexas e sofisticadas. Ele, ao contrário, sempre quis ser interrogado, questionado; quanto antes, melhor. Sua voz clamava desde o início: ouçam-me! Tinha muito a dizer e esclarecer; e estava preso, esperando por esse instante, há mais de seis meses!

---

96 Artigo 411 do CPP.

Só que, chegando essa oportunidade no crepúsculo do processo, suas palavras perderam-se. O ânimo e o interesse em ouvi-lo era inversamente proporcional ao seu de falar, ou seja, desejava tanto falar quanto o juiz e o promotor de justiça desejavam não o escutar. De que serve falar se não prestam atenção no que você diz? Logo, seu interrogatório foi estéril; muitas pessoas falaram antes, tornando-o prescindível até, para convencer o juiz, cuja opinião sobre a culpa do réu estava, de antemão, formada. Todos estavam cansados. Não havia mais tempo, e daria muito trabalho ouvir outra vez as testemunhas que divergiam do réu, em suas declarações.

Encerrada a coleta de provas, o advogado do réu pediu para oferecer, por escrito, suas alegações finais: apresentação dos argumentos, embasados nos fatos apurados no processo, com o objetivo de convencer o juiz da culpa ou inocência do acusado. Fê-lo, depois do promotor de justiça. Lá se foram mais dez dias, acrescidos de outro tanto, para a decisão do juiz, que, conforme esperado, mandou o réu a júri popular. Novos trâmites administrativos e burocráticos tiveram lugar, com o propósito de preparar o processo para julgamento, que ocorreu após dois anos. Juiz, promotor de justiça e advogado já eram outros. Apenas o réu era o mesmo; e na mesma situação: preso — *Habeas corpus* só para o tempo[97].

Dias antes do júri, o novo promotor de justiça, ao ler o processo, não achou crime nenhum no réu. Perguntava-se como o processo chegara tão longe. Mas sabia o que havia acontecido, pois deparara-se com isso anteriormente. Desde

---

97 Frase original de Machado de Assis: "mas ao tempo dá Deus *habeas corpus*" (ASSIS, Machado de Assis. *Esaú e Jacó*. São Paulo: Companhia das Letras, 2012, p. 79).

que o acusado tinha sido preso, era a primeira vez que se lia o processo com vagar e profundidade; nem seus advogados o fizeram com o apropriado zelo, nem juízes, nem desembargadores, nem ministros dos tribunais superiores, nem ninguém que se debruçara sobre o caso, mesmo com a profusão de pareceres, recursos e decisões recheadas de saber jurídico. Sobravam erudição, teses e suspeitas. Faltava o básico: confrontar os fatos com as respectivas provas (ou a falta delas). Dizia com propriedade Roberto Lyra: "mais do que altas indagações de direito, valem baixas indagações de fato"[98].

Assim, o promotor de justiça passaria vexame caso pedisse a condenação do réu. Cairia em descrédito. Além de atentar contra a sua consciência. Em alternativa, estando preso o réu há tanto tempo, sentir-se-ia envergonhado se propusesse sua absolvição, por falta de provas, ali, em plenário, na frente de todos: jurados, servidores, policiais, estudantes, familiares da vítima e do réu; e, de algum modo, tinha a compreensão de que personalizava o sistema de justiça criminal; em relação a falhas nele ocorridas, respondia pelos próprios atos e pelos de outros. Era preciso salvar as aparências. Requereu, então, invocando uma questão processual qualquer, o adiamento do julgamento e a soltura do réu. Com o réu em liberdade, futuramente, se e quando fosse julgado, a absolvição poderia ser pedida sem constrangimento. Afinal, o réu já estava solto mesmo...

---

98 LYRA, Roberto. *Como julgar, como defender e como acusar*. Belo Horizonte: Líder Editora, 2020, p. 17.

Fenda

Na polícia, a mãe da vítima disse ter visto quando os dois homens entraram na sua casa e mataram a tiros seu filho, que estava no sofá, vendo televisão. Não deu nomes nem características pelas quais se poderia identificar os assassinos. Dois meses depois, com o avanço das investigações, a polícia chegou a um suspeito; e ela foi chamada a efetuar o reconhecimento. De imediato, a mãe da vítima reconheceu o suspeito como um dos que mataram seu filho. Informada, na ocasião, sobre o nome dele, confirmou-o. Disse que não só o conhecia como também havia pregado o evangelho para ele, o suspeito.

A palavra da mãe de uma vítima tem peso, ainda mais quando assevera ter presenciado o crime: o assassinato do próprio filho, saído de suas entranhas em meio às dores do parto, e que teria dado os últimos suspiros de uma curta vida ao seu colo, abraçado por ela. Mas a lacuna estava ali. Era facilmente perceptível: se a mãe da vítima conhecia bem o assassino do filho, por que não o disse logo depois do homicídio? Por que demorou tanto (dois meses) para identificá-lo? Por que somente o reconheceu após a polícia apontá-lo como suspeito?

Antes do julgamento, diante de tal falha, o promotor de justiça procurou a mãe da vítima, e, ciente de que ela era fervorosamente religiosa, indagou-a, em particular, ou melhor, lhe fez um apelo: "a senhora, como temente a Deus, sabe melhor que ninguém o nono mandamento: 'não dirás falso testemunho contra o teu próximo'. Rogo, portanto, que fale a verdade. Diga-me, reconhece o acusado, sentado ali no banco dos réus, como o assassino de seu filho?". A mãe da vítima respondeu: "Sim! Foi ele que matou meu filho. Juro por Deus e tudo o que é mais sagrado, em nome de Jesus!". Negou a violação de um mandamento, infringindo outro, o de seu Salvador, o Nazareno, que dizia: "não jureis de forma alguma"[99]; "seja o seu 'sim', 'sim', e o seu 'não', 'não'; o que passar disso vem do Maligno"[100].

Talvez alguma falsa memória ou talvez a confiança depositada na investigação policial, motivada pela ânsia de encontrar e punir o assassino de seu filho, fê-la sentir necessidade de corroborar a autoria do crime atribuída ao suspeito; e, querendo acreditar nela, não se lembrou com propriedade d'Ele. De todo modo, se a palavra revelada de Deus, proibindo-a de levantar falso testemunho, não surtiu efeito, que dirá a exortação instituída na lei dos homens de prometer, sob palavra de honra, falar a verdade?[101] Para uma crente como ela — "escrava de Cristo", como autodenominou-se —, a honra valia mais que Deus, cujo nome tomou em vão?

Abandonada a Lei "como guia moral"[102] e desprezada a lei feita pelo homem, o promotor de justiça ficou refém do testemunho incriminatório e supostamente ocular da mãe da vítima, obrigando-se a confiar nele, mais por dever de ofício do que por convicção; e isso teve um preço: a rejeição do pedido de condenação. O réu foi absolvido, pois não houve como tapar o buraco existente no depoimento da mãe da vítima: reconhecimento tardio do assassino, sabendo-o, de antemão, quem era; ela não esclareceu nem soube explicar essa extemporânea imputação do crime ao acusado de matar seu filho.

---

99 Mt 5,34-36.
100 Mt 5,37.
101 Artigo 203 do CPP.
102 BELKIN, Samuel. *A filosofia do Talmud*. São Paulo: Sêfer, 2003, p. 211.

Desta vez, absolvido o réu, o promotor de justiça foi privado pelo destino ou pelo "acaso, que é um deus e um diabo ao mesmo tempo..."[103], de ter sido instrumento de uma possível injustiça. Situações semelhantes, porém, repetiram-se em muitos outros julgamentos, e os resultados foram tão imprevisíveis quanto diversos.

Negação

Levando uma vida dura e miserável, de vez em quando participava de roubos para compor o orçamento da família, composta de mulher e três filhos. Tinha a esperança de que num desses assaltos tirasse "a boa" — a sorte grande, ganhando uma bolada —, uma grande quantidade de dinheiro que tornaria desnecessário praticar mais crimes. Por isso, não se julgava um criminoso, como se a propensão ao roubo desaparecesse com a necessidade ou a ocasião de praticá-lo. Infeliz com seu quinhão, era o exemplo vivo de "quão acertado é o provérbio: 'É muito pequeno o passo que leva da necessidade real à cobiça'"[104]. E a cada passo apostava o destino com a sorte, desafiando-a; o revés, sendo um dos resultados possíveis do jogo, um dia chega. Inevitável.

Preso há oito meses, o seu processo caminhava para a absolvição, por falta de provas, embora decisões judiciais costumem ser tão imponderáveis quanto casuísticas, pois

---

103 ASSIS, Machado de. Singular Ocorrência. SENNA, Marta de (ed.). *Histórias sem data*. São Paulo: Martins Fontes, 2005, p. 66.
104 BUNIM, Irving M. *A ética do Sinai: ensinamentos dos sábios do Talmud*. São Paulo: Sêfer, 2001, p. 204.

assim como Deus fez o homem a partir do barro, o juiz faz o criminoso a partir da prova. Barro e prova são maleáveis. Molda-se um e outro sem dificuldade, dada a plasticidade de ambos. O promotor de justiça, então, acautelando-se da possível soltura do réu, fez-lhe uma proposta: colaborar com a Justiça, tornando-se um delator. Negociou a liberdade dele, que antevia, e uma redução da pena, que sequer existiria, caso absolvido, em troca da confissão do crime e identificação dos cúmplices — os demais integrantes da quadrilha. Posta a delação na mesa, não vinha ao caso a falta de isenção no depoimento de um réu que se veria livre da prisão somente se pusesse alguém em seu lugar.

Tão logo iniciadas as negociações — antes, pois, do acordo ser formalizado e homologado pelo juiz —, o promotor de justiça pediu a soltura do réu, mais como argumento — estando solto, não teria sido forçado ou constrangido a delatar — do que demonstração de confiança e boa-fé.

Nesse instante, uma certa inquietação moral acometeu o promotor de justiça, como se uma voz interior o questionasse: "age com o devido escrúpulo?". Ele, porém, de pronto respondeu a essa voz que falava à sua consciência: "não sei nem compreendo o que dizes"[105]. A possibilidade de delação premiada estava na lei e tinha virado um procedimento corriqueiro; muitos de seus colegas faziam, e desconhecia um juiz sequer que não a aceitasse. Não via motivo para agir de forma distinta. Seguiu, portanto, em frente!

A proposta de colaboração, entre idas e vindas da respectiva minuta, iniciou-se com a confissão. Exigência inar-

---

[105] Mc 14,68.

redável, o réu tinha de assumir sua culpa; e, ao assumi-la, entregar outros, preferencialmente alguém "acima" dele. Um grupo de promotores de justiça — alçados a peritos da moralidade — analisou a minuta; o tom, a princípio impositivo, à medida que as negociações avançavam, tornava-se afável e quase paternal; e se reputassem a minuta vaga, insuficiente ou fraca, a rechaçariam, mantendo o réu no limbo. Na época da Inquisição[106], isso tinha nome: o réu cuja confissão "parecia incompleta", "era considerado 'diminuto'. Admoestavam-no para que 'tomasse de bom conselho, para salvar sua alma' e então o tribunal 'poderá usar com ele de Misericórdia'"[107]; e "os que se recusavam, absolutamente a confessar, eram considerados 'negativos'"[108]. No presente caso, confirmado e preenchido o requisito de implicar outras pessoas no crime por ele confessado, a delação do réu foi aceita, convertendo-o oficialmente em delator, e aqueles a quem denunciou e acusou, em delatados; como prêmio, foi recompensado com prisão domiciliar e redução da pena, entre outros benefícios. Tudo pela lei, no mais absoluto sigilo, mediante a assinatura de um "termo de confidencialidade" pelas partes envolvidas na negociação — segredo *pro forma*, porque a delação, como de costume, vazou, ganhando ampla publicidade.

Trazidos pelo delator novos suspeitos de crimes, mais matéria-prima havia para as delações seguintes; e essas deram à luz outras; tantas que não haveria surpresa se dali a pouco atribuíssem números aos delatores e delatados, pelos quais

---

[106] No Brasil, entre os séculos XVI e XVIII, julgava os crimes de heresia.
[107] NOVINSKY, Anita Waingort. *Viver nos tempos da Inquisição*. São Paulo: Perspectiva, 2018, p. 52.
[108] Idem, p. 53.

passariam a ser classificados e identificados — se é que já não tivessem feito isso em alguma parte. Um negócio da China. Os promotores de justiça, em primeiro lugar, cuidavam para que os recém-investigados — os delatados — fossem presos temporariamente ou conduzidos coercivamente à presença das autoridades; buscados e surpreendidos de pijamas em suas casas, ao raiar do dia, os investigados eram *incontinenti* levados à repartição policial para prestar depoimento. Nada melhor que deixar os delatados em estado de choque emocional antes da negociação, a fim de quebrar-lhes a resistência: "*Esteje* preso!". Vista a delação premiada como uma técnica de investigação, e a prisão ou condução coercitiva, sob o mesmo olhar, como técnica de negociação, o próximo passo era acertar o preço com o investigado, ao qual se impunha a aludida cláusula inegociável: obrigação de confessar seus crimes e denunciar os de outrem; e, de delação em delação (uma delação atraindo e puxando outra), feitas por depoentes suspeitos "de atuar em benefício próprio ou de outros envolvidos no caso"[109], passaram os promotores de justiça, sem tardança, a investigar políticos, servidores públicos, doleiros e empresários. Nessa toada, semana sim, outra também, sucediam-se operações policiais com prisões e buscas domiciliares; e se, por qualquer motivo, alguma semana passasse em branco, sem operação policial, era "como se sentisse naquele desuso do xadrez a morte próxima do Estado, da Civilização e do Progresso", nas palavras de Lima Barreto[110].

---

109 PINTO, Rabino Samy. A delação premiada e o direito Talmúdico. Disponível em: https://www.migalhas.com.br/depeso/267711/a-delacao-premiada-e-o-direito-talmudico. Acessado em: 23 nov. 2021.

110 Expressão retirada do conto "Como o homem chegou". *In:* BARRETO, Lima. *Diário do hospício; O cemitério dos vivos.* São Paulo: Companhia das Letras, 2017, p. 205.

Com as delações, numa relação inextricável, vieram: 1. uma espécie de transtorno de personalidade paranoide; e 2. dinheiro. Paranoia porque os promotores de justiça enxergavam, desde o começo, suspeitos em potencial — quando não, culpados — em todos os denunciados ou citados pelo delator, de maneira que os delatados não tinham como escapar da culpa que lhe atribuíam; a existência de qualquer comunicação entre delator e delatados era considerada um forte indício de cooperação criminosa entre eles; diria que desconfiariam até de Madre Teresa de Calcutá[111], se o nome dela aparecesse em alguma delação. Dinheiro, devido à apreensão de bens e valores dos delatados e das empresas como punição, ou seja, produto dos crimes, servindo a apropriação do vil metal para o *marketing institucional* e a propaganda das medidas — como a delação — propostas pelos mesmos que dele se apoderaram; delação gerando dinheiro e dinheiro gerando delação: uma máquina de movimento perpétuo (*perpetuum mobile*), alimentada por um manancial inesgotável de investigados e abundante dinheiro passível de confisco, capaz de produzir delações, indefinidamente; e os venerados promotores dessa engrenagem, acumulando delatores e dinheiro, foram bem vistos pelos homens, saudados nas praças públicas e ocuparam lugar de honra nos banquetes[112].

Tendo descoberto e compreendido como era fácil acusar uma pessoa — bastava alguém disposto a denunciá-la por qualquer motivo (lícito ou ilícito, para se safar, ou por maledicência) e algumas diligências —, viu o promotor de justiça que seria igualmente simples ser acusado também ou qualquer

---

[111] Religiosa e missionária (1910-1997) que dedicou sua vida a ajudar os pobres.
[112] Mt 23,5-7; Mc 12,38-39.

outra pessoa de suas relações. Quando, e se isso ocorresse, das duas, uma: ou teriam que "cortar na carne", ou seja, punir os próprios colegas e aliados, ao custo de descrédito das investigações e das instituições a que integravam; ou prevaricar, fazendo vistas grossas para alguns malfeitos. O mais provável é que aconteceriam ambas as coisas — autoflagelação e omissão —, de acordo com as circunstâncias e o "freguês". A delação se comportava como uma partícula, ocupando uma posição determinada num conjunto delas, mas também funcionava como onda, perturbação que se propaga em qualquer meio, para todas as direções, transportando com informações, calúnias, fofocas e denúncias seletivas, sujeitas a sucessivas e a todo tipo de deturpações e ilações. Então, tal como se ainda existisse o Tribunal da Santa Inquisição, a "desconfiança propagou-se por todo o país, ninguém sabia quem era amigo, quem era delator ou quem seria denunciado no dia seguinte"[113].

Gradualmente, começaram a aflorar críticas, questionamentos, contestações à lisura das delações, e, consequentemente, à atuação do promotor, como uma advertência do que estava prestes a porvir; um aviso de que se enganara ao supor que sua notoriedade e poder continuariam a crescer com as delações, numa linha reta para o alto: "uma reta inclinada ascendente simplesmente continua a subir. É isso que fazem as retas"[114]. Na realidade, a linha era curva, com a forma de um morro, uma saliência; e "se a ladeira é ascendente em um dos lados, precisa ser descendente em algum outro lugar"[115].

---

113 NOVINSKY, Anita Waingort. *A luta inglória do Padre Antônio Vieira*. São Paulo: LVM Editora, 2021, p. 28.
114 ELLENBERG, Jordan. *O poder do pensamento matemático*. Rio de Janeiro: Zahar, 2015, p. 68.
115 Idem, p. 40.

Todavia, tornado o combate à corrupção seu credo, não percebeu que havia atingido o cume, o ápice da curva, não prevendo nem descrendo a iminente queda, instante em que ouviu, outra vez, aquela voz interior de censura; só que mais forte, provocando-lhe uma sensação de angústia irritante. A situação parecia-lhe ridícula, como se um grilo falante o instasse a escutar: "Vá em frente, faça um tolo de você mesmo, talvez assim você ouça sua consciência"[116]. De novo, afastou esse incômodo pensamento como se estivesse a espantar um mosquito, dizendo a si mesmo: "Fábulas são contos para criancinhas, frutos de fértil imaginação; tampouco sou mentiroso como o Pinóquio; e o assunto é deveras sério para devaneios. Acordos de delação premiada fundamentam-se na utilidade e interesse públicos. O resto não passa de opinião. Além disso, desde quando cumprir a lei é um ato desairoso?".

Não só negou qualquer objeção de consciência como ainda teve duas ideias. A primeira foi colocar nos acordos como obrigação do delator a realização de palestras e "aulas" sobre seus delitos. Ungido pela lei — dos homens, e não de Deus —, o promotor de justiça fez o delator rezar pela sua cartilha, e tal qual um pastor pregando "tem que colocar o sacrifício no altar!", anunciou o pecador/delator convertido ao rebanho formado por membros do Ministério Público, auditores fiscais, agentes e delegados de polícia. O delator, ao modo de penitência pelos seus crimes, deu seu testemunho de vida, pedindo que não o gravassem; e, perante os fiéis, com a tornozeleira eletrônica oculta na canela, começou a fornecer dicas

---

116 PINÓQUIO. Direção: Hamilton Luske e Ben Sharpsteen. Estados Unidos: Walt Disney Productions, 1940.

de como pegar pessoas como ele, o delator; o que tinham de fazer para apanhar outros hereges; afinal, nada melhor do que aprender com a própria presa os truques que ela usa para escapar ao predador! Encerrado o evento, ainda houve espaço e oportunidade para uma conversa informal; um bate-papo, interrompido ocasionalmente, com a compreensão dos presentes, para que o delator pudesse recarregar a bateria da tornozeleira na tomada. Natural que surgisse uma certa cumplicidade entre promotor de justiça e delator, tornando-se esse consultor daquele, e vice-versa: o promotor de justiça aconselhava o delator em assuntos legais, e o delator prestava consultoria ao promotor de justiça em questões criminais; o delator abria o seu coração ao promotor de justiça, e o promotor de justiça abria as investigações ao delator, dando-lhe a conhecer todos os furos e todas as falhas nelas existentes, escancaradamente. O promotor de justiça, sendo o caminho, era seguido pelo delator, que, carregando sua cruz, renasceu, como se assumisse uma nova identidade[117].

A segunda ideia foi mais uma revelação profética: um emplasto anticorrupção, destinado a mitigar a nossa triste degeneração moral no uso do dinheiro público; emplasto que tomou a forma de um decálogo: dez medidas contra a corrupção. Por que não nove ou onze medidas? Tinham de ser exatamente dez? Sim, porque dez são os mandamentos bíblicos; e "dez representa 'retidão na fé', nove, que vem antes de dez, 'deficiência dentro da perfeição', e onze, que vem depois,

---

[117] Mais sobre a exigência de palestras pelos infratores em acordo de delação, cf. ABREU, Allan. A Escolinha de Tony & Juca Bala: As lições de dois doleiros que cuidaram do propinoduto de Sérgio Cabral. *Revista Piauí*. Edição 147, dez. 2018. Disponível em: https://piaui.folha.uol.com.br/materia/escolinha-de-tony-juca-bala/. Acessado em: 30 maio 2023.

'transgressão fora de medida'"[118]. Tornando-se uma ideia fixa o emplasto, tal qual o de Brás Cubas, igualmente "trazia duas faces, como as medalhas, uma virada para o público, outra para [ele] [...] De um lado, filantropia e lucro; de outro lado, sede de nomeada. Digamos: amor da glória"[119]. Na busca de apoiadores e adesão à ideia, não carecia de meios e recursos: espaço e boa vontade dos meios de comunicação (televisão, rádio, jornais etc.), adesivos, anúncios em revistas, outdoors, camisetas, banners, panfletos, cursos, eventos etc. Na falta de hino, profusão de aleluia! E do pedestal que erguera para si admirou sua criação.

O promotor de justiça assim fez do combate à corrupção seu bezerro de ouro[120]. Com adoração idólatra, prostrou-se diante dele. Cultuou-o, atraindo adeptos e seguidores contra os corruptos; e quem eram os corruptos? Os delatores e delatados: políticos, servidores públicos, doleiros e empresários, que representavam e constituíam uma ínfima parte de algo maior: o "sistema". O inimigo, pois, era o "sistema"; e o "sistema" reunia os delatores, os delatados e os demais, todo o resto, ou seja, o "sistema" eram os outros. Combater a corrupção equivalia a atacar o "sistema"; e, para atacá-lo, difamava e incriminava os outros. Difamava porque generalizava, sem considerar primeiro cada indivíduo *per se*, mas, antes, "gente do sistema". Idolatrado o combate à corrupção, permitiu-se adotar todo e qualquer método, desde que úteis à causa vene-

---

[118] De acordo com o teólogo alemão Hugo de São Vítor (1096-1141), conforme citado por Alex Bellos em *Alex através do espelho: como a vida reflete os números e como os números refletem a vida* (São Paulo: Companhia das Letras, 2015, p. 19).

[119] ASSIS, Machado de. *Memórias póstumas de Brás Cubas*. São Paulo: Carambaia. 2019, p. 21.

[120] Falso ídolo ou falso "deus" (Ex 32,1-8).

PARTE UM : INÍCIO DA VIDA PÚBLICA DO PROMOTOR DE JUSTIÇA, O FILHO DA LEI

rada; nesse combate, o certo ou errado cedeu ao útil ou inútil, ignorando que "a pobre relação de moralidade é *utilidade*. Como parece muito mais fácil entender o que é útil ou inútil do que é objetivamente certo ou errado, têm existido muitas tentativas de definir a moralidade em termos de formas de utilidade"[121]; e, impelido a adotar métodos que, ao contrário do que cria, minavam a base moral de suas ações, cruzou a linha entre a lei e a luta contra a criminalidade a qualquer custo.

Daí ouviu, pela terceira vez, a voz silenciosa: "Obedece às ordens de quem? A responsabilidade é de quem faz as leis ou de quem as executa? Um dia, não terá que prestar contas pelo que se passa?". Imediatamente, o promotor de justiça, praguejando e jurando, retorquiu: "não sei o que dizes"; e foi-se embora. Chegando em casa, entregaram-lhe um livro que havia encomendado sobre Winston S. Churchill[122]; ao abri-lo aleatoriamente, numa página qualquer, leu a seguinte frase: "[...] o único caminho sensato e seguro consiste em agir, dia após dia, de acordo com o que a própria consciência parece ditar!"[123]. Frase que o remeteu a uma advertência similar de Albert Einstein[124], a quem admirava por suas realizações na ciência e independência de pensamento: "Não faça nada que vá contra a sua consciência, ainda que o Estado lhe peça"[125]. E, sendo madrugada, no horário que na roça os galos cantam, começou a chorar amargamente[126].

---

121 DEUTSCH, David. *A essência da realidade*. São Paulo: Makron Books, 2000, p. 273.
122 Primeiro-ministro do Reino Unido durante a Segunda Guerra Mundial (1874-1965).
123 CHURCHILL, Winston S. *Como cheguei ao poder*. Rio de Janeiro: Pocket Ouro, 2008, p. 54.
124 Físico teórico (1879-1955).
125 KLIKSBERG, Bernardo. *Einstein: humanismo e judaísmo*. São Paulo: Maayanot, 2002, p. 21.
126 Mc 14,72; Lc 22,62.

Pilatos

Nos velhos tempos, se algum bandido "chegasse para matar e outros estivessem no lugar, ele mandava os outros correrem. Era a velha história do 'corre e não olha pra trás'"[127]. Velhos tempos. Hoje o bandido chega de surpresa e atira. Segue atirando, indiferente às consequências de seu ato. A ação é muito rápida, sem aviso nem piedade. Quem estiver no lugar errado na hora errada, azar! "Caixão e vela preta" para o azarado também, como diz uma gíria das quebradas. E foi exatamente isso que aconteceu. Uma chacina. Amigos e familiares festejavam a passagem de ano, quando duas pessoas presentes à festa saíram para comprar bebida. Na volta, discutiram no trânsito. Não passou de um bate-boca. Mas, logo após retornarem, apareceu o homem com quem haviam discutido, acompanhado de outro, e, sem avisar, começou a atirar nos dois, pouco importando se havia mais pessoas no local. Conclusão: três mortos e dois feridos. Depois, o assassino e seu comparsa fugiram num carro, onde uma mulher os esperava.

A polícia quando quer pegar alguém é capaz de empregar com expertise, graças à constante prática, qualquer estratagema. Para isso, a precariedade e a falta de recursos não fazem diferença; suas suspeitas, então, tornam-se verdades provadas e, o principal, documentadas:

(i) as duas vítimas sobreviventes foram chamadas à delegacia para reconhecer o homem que havia atirado nelas. Isso deu-se pouco mais de um ano depois do crime; e, ao lhes apresentarem algumas fotos de jovens com diversas passa-

---

127 Segundo Arual Martins, promotor de justiça, citado por Bruno Paes Manso em *O homem X: uma reportagem sobre a alma do assassino de São Paulo* (Rio de Janeiro: Record, 2005, p. 157).

gens pela polícia, apontaram para um dos retratos. Reconhecimento feito, as vítimas ficaram sabendo o nome, que até esse momento desconheciam, do indigitado homem a quem acabavam de acusar. A partir daí, ou seja, depois de terem visto as fotografias, passaram a associá-lo ao retrato apontado. Seguiram-se, então, outros reconhecimentos, em diferentes momentos e de distintas maneiras — por foto, presencialmente em sala específica ("sala de reconhecimento") e por videoconferência —; e sempre identificavam, "sem sombra de dúvidas", o mesmo homem, ora acusado, como o autor dos disparos;

(ii) um preso, com extensa folha de antecedentes criminais (roubos, homicídios, porte de arma etc.), disse que obteve informações no mundo do crime sobre a identidade do assassino: o referido acusado. Prestado esse depoimento incriminador, tal preso foi solto e nunca mais se soube do seu paradeiro;

(iii) o comparsa/cúmplice do assassinato e sua esposa, que estava no carro de fuga, disseram ter visto o acusado atirando nas vítimas;

(iv) o acusado, ouvido reiterada e diversas vezes, caiu em contradição. Num dos muitos depoimentos que prestou, afirmou qualquer coisa sobre algum fato pontual ou circunstancial, dizendo algo diferente em outros;

(v) os investigadores/policiais tinham um conceito muito negativo do acusado, considerando-o um criminoso perigoso.

Enfim, todos (as vítimas sobreviventes, o comparsa, a mulher do comparsa, as testemunhas — inclusive oculares — e os investigadores), sem exceção, apontaram o acusado como sendo o assassino. Não só isso: no curso do processo, o acusado esteve foragido e sua folha de antecedentes mostrava que ele respondera a outros crimes, inclusive por um assassinato cometido com o mesmo *modus operandi*. Provada assim indiscutivelmente a autoria dos assassinatos?

Na aparência, sim; vistos e bem examinados os autos do processo, talvez. A análise minuciosa das provas fez surgir uma desconfiança sobre a qualidade delas. Uma dúvida sobre a culpa desse acusado. Dúvida essa que deixou em suspenso a aplicação do princípio *in dubio pro reo* (na dúvida, a favor do réu):

(i) a identificação do acusado pelas vítimas foi influenciada pelo tempo decorrido entre o crime e o primeiro reconhecimento — mais de um ano? O procedimento inicialmente adotado (reconhecimento do acusado por fotografia, mediante possível sugestionamento) contaminou a sua identificação? Essa contaminação transmitiu-se às subsequentes? Quando as vítimas reconheciam o homem, depois de tê-lo feito através de uma fotografia apresentada pela polícia, identificavam o retratado na foto por associação retroativamente induzida?

(ii) sabe-se que toda pessoa pode ser testemunha, mas a pessoa envolvida em crimes graves (assassinatos, roubos, tráfico de drogas etc.) e criminosos confessos possuem isenção para falar, sob palavra de honra, a verdade do que sabem? Nessa condição, quantas e quais vantagens poderia obter (p. ex. excluir-se como suspeito de delitos em apuração) ao ajudar a polícia a esclarecer o crime? Ansiando pela liberdade e diante da chance de alcançá-la ao implicar o acusado no crime, como avaliar sua credibilidade? Para sair da cadeia, o delator se importaria com quem metem lá dentro? Não teria levantado falso testemunho ao agir em proveito de si mesmo?

(iii) o comparsa e sua esposa não falariam ou fariam qualquer coisa para não serem indicados cúmplices do acusado? Para tirar o foco deles? Será que, para se livrarem da imputação

PARTE UM : INÍCIO DA VIDA PÚBLICA DO PROMOTOR DE JUSTIÇA, O FILHO DA LEI

de um triplo homicídio e de um atentado contra a vida de outras duas pessoas — o que poderia acarretar mais de cinquenta anos de prisão para cada um —, eles não mentiriam? Não é suspeito o depoimento de quem o presta em benefício próprio?

(iv) a recorrência de depoimentos prestados pelo acusado, confrontando-se uns com outros para pinçar eventuais incongruências, não teve o propósito de desacreditá-los? Não o cercaram "de interrogatórios a respeito de muitas coisas, armando-lhe ciladas para surpreenderem uma palavra de sua boca"?[128]

(v) a presença dos policiais nas audiências e o juízo desfavorável que tinham a respeito do acusado exerceram caráter intimidante? O que pensariam caso o acusado, tido por eles como um criminoso contumaz, fosse absolvido?

Em todo caso, estreita é a porta aberta pela dúvida, larga é a porta e amplo o caminho da reincidência, de modo que, se a dúvida abriu uma porta — ainda que estreita — para o julgamento a favor do réu, a reincidência, tendo ele uma vida pregressa cheia de crimes, tornou a fechá-la: o acusado "encontrou-se então perante uma porta que nenhuma chave podia abrir"[129]. Segundo a lei, reincidir é praticar um crime depois de definitivamente condenado por outro; é tornar a incidir ou recair no crime. No mundo real, vai além. Repetindo o delito, deixa de ser alguém que *cometeu* um crime — quiçá ocasionalmente — para virar uma pessoa que *comete* crimes, um criminoso; e para um criminoso, a situação não

---

128 Lc 11,54.

129 Expressão extraída da frase "O Vigário de Cristo [...] encontrou-se então perante uma porta que nenhuma chave podia abrir", atribuída ao Papa Pio XII, para justificar seu silêncio perante as atrocidades nazistas, conforme citado em FRIEDLÄNDER, Saul. *Pio XII e a Alemanha Nazi*. Portugal: Edições Tapir, 1967, p. 211.

trata mais "a respeito de um ato específico que aconteceu no passado, mas uma ação generalizada que engloba também o presente e o futuro"[130]. Sai de cena o crime praticado e entra quem o praticou.

Sua culpa pelo novo crime passa a ser presumida; inverte o ônus da prova que, pela lei, cabe à acusação. O acusado é culpado até que ele mesmo prove sua inocência; e quanto mais crimes alguém comete, menos chance terá de ser absolvido. Essa é a regra. Difícil desacreditá-la, quando a experiência mostra que, *de facto*, reincidentes cometem mais crimes do que os acusados pela primeira ou uma única vez. A ficha criminal equivale, portanto, a um indício de premeditação criminosa — gera culpa. Dela, infere-se a conduta social e moral, a personalidade e a capacidade de delinquir do suspeito — um perfil criminal; e esse perfil criminal dado pelos antecedentes criminais é mais prático e eficaz na prática do que qualquer outro; descreve e prevê o comportamento do acusado com mais precisão do que modelos teóricos de perfis criminais baseados na Psicologia e/ou Psiquiatria. Um crime no passado, pois, pode fazer uma crucial diferença em julgamentos futuros.

Fiando-se nesse mostruário, que é a capivara (ficha de antecedentes criminais) do sujeito[131], promotor de justiça, cioso da sua reputação, não se dá ao luxo de ser cético em condenar um inocente, não quando o beneficiário comete crimes em série. Quem tem a obrigação de zelar pelo cumprimento da lei (promotor de justiça) não concede o benefício da dúvida

---

130 KUSHNER, Harold. *Quem precisa de Deus?* São Paulo: Arx, 2007, p. 117.
131 A maioria dos crimes cometidos não é exposta na folha de antecedentes, porque não foi descoberta.

a quem costuma descumpri-la (criminoso habitual). Uma vida "errada" diz mais sobre o acusado, o crime a ele imputado e a intenção de praticá-lo do que as provas do processo. Um criminoso, afinal, não é senão "aquele que trabalha para destruir a própria vida. Esse é um criminoso"[132].

Outrora, "no século XVIII, a culpa ou inocência se apoiava em provas circunstanciais e no caráter e comportamento do acusado; o que era conhecido como prova moral"[133]. O mesmo se dá nos dias de hoje; e, guiado por esse perene critério, apesar do avanço científico e tecnológico das técnicas de investigação, o promotor de justiça disse aos que decidiriam o destino do acusado: "Eis o homem. Tomai-o e julguem-no. Estas são as provas. A responsabilidade é de vocês"; e entregou o homem ao arbítrio de seus julgadores.

Falácias de um réu confesso

No tribunal, ouvidas as testemunhas e interrogado o réu, a palavra foi concedida ao promotor de justiça, que fez a acusação:

> *Ei-lo, o assassino! Ele não está aqui por acaso. Não caiu de paraquedas. Antes de o submeter a este julgamento, peneiramos os fatos e as provas repetidas vezes, separando o que era inverossímil e falso. Primeiro, seu crime foi investigado*

---

132 WASSERMANN, Jakob. *O processo Maurizius*. Campinas: Sétimo Selo, 2021, p. 361.
133 HEMPEL, Sandra. *O pó do herdeiro: uma história sobre envenenamento, assassinato e o início da ciência forense moderna*. Rio de Janeiro: Record, 2019, p. 95.

pela polícia; em seguida, essa investigação passou pelo crivo judicial, ou seja, por um exame criterioso, que reproduziu e analisou tudo que foi apurado na delegacia, perante o juiz, o promotor de justiça e o advogado do réu; e agora, pela terceira vez, nos debruçamos sobre o caso, neste tribunal do júri. O processo passou assim por diversos "filtros", e o que sobrou, de forma nítida e cristalina? A verdade! Fosse o réu inocente, sua culpa teria sido retirada após a filtração, e descartada tal qual borra de café! Filtrado o processo, inocentá-lo equivale a ignorar e desperdiçar todo o empenho, o tempo e os recursos destinados à apuração do assassinato. Jogar no lixo anos de investigação, materializados nestes volumosos autos com milhares de páginas, de onde sempre despontou um único suspeito a quem atribuir o crime: o réu. Se ele for absolvido, o homicídio ficará impune, podendo, quem sabe, até lhe render uma indenização. Em suma, o réu cometeria o crime e ainda pagaríamos a ele por isso. Um absurdo! Digo mais, o assassinato teve ampla repercussão social. Causou comoção popular. Representamos e agimos em nome desta mesma sociedade que exige um basta à impunidade. Que mensagem passaríamos com a absolvição do réu? Linchamento ou vingança privada como únicos modos de obter justiça? A validade da justiça feita com as próprias mãos? Sem dúvida, se o réu ficar impune, concederemos o direito à vingança aos familiares da vítima. Banalizar-se-ão os assassinatos, imperando a anarquia e o caos. Regressaremos à Idade Média, quando "a vingança sobre vingança descambou para a guerra entre as famílias e os grupos, com uma matança desenfreada"; e, em breve, as pessoas matarão umas às outras, seguindo a lei de talião: "olho por olho, dente por dente, mão por mão, pé por pé, queimadura por queimadura, ferida por ferida, contusão por contusão" (Ex 21,24-25). Caso uma pessoa roube a outra, sua mão será amputada; se porventura deixá-la cega, terá seu olho arrancado; e se matar, morrerá, quiçá na fogueira ou por apedrejamento. Portanto, estejamos à altura de nossas responsabilidades!

O réu nega ter cometido o homicídio e, perguntado se tem algum motivo para estarem acusando-o, alegou que a polícia joga nas suas costas todos os crimes que acontecem na região onde mora, por causa de seu passado, com diversas passagens pela delegacia e em unidades de internação para menores infratores. Mas psicólogos e psiquiatras fizeram uma análise metódica e cautelosa tanto da cena do crime quanto da personalidade do réu. Correlacionando-as, com base na ciência — ciência comportamental, para ser mais preciso — e em programas de computação, deliberaram que o acusado se enquadra, clinicamente, no perfil criminal de quem comete o assassinato pelo qual está sendo acusado, de tal modo que se não fosse ele o assassino — por suposição (vamos fazer de conta) —, teria sido alguém com similar temperamento, índole, aparência, idade, classe social e motivações. Ou seja, "algoritmicamente" falando, somente um ofensor com o mesmo perfil do réu exibiria idêntico comportamento criminoso; o que se revela improvável. Então foi ele, o réu, o autor do homicídio; e quem diz isso não sou eu. É a ciência! A ciência e a tecnologia de ponta! Estamos, portanto, diante da autoria comprovada cientificamente de um crime!

Disse o réu que conheceu o "verdadeiro" assassino, a quem deve ser imputada a prática do crime: "avistou-o depois do crime fugindo do local". Fiz questão de anotar essa fala dele, de modo literal — **ipsis litteris***; o próprio réu admitiu ter* *fugido após a vítima ter sido esfaqueada! Pergunto, se não tinha nada a ver com o crime, por que fugiu? Sua fuga diz muito sobre sua culpa. Aliás, em geral, quando réus jogam a culpa do crime sobre outra pessoa, identificando-a, dando o nome dela, essa pessoa já morreu. É sempre a mesma história. Não muda. Incriminam alguém que morreu a posteriori, depois do crime; é muito cômodo e conveniente culpar uma pessoa morta, que não pode desmenti-lo, não pode ser processada nem responsabilizada; e não pode retaliar quem o acusa. No presente caso, o que fez o réu? Justo e exatamente isso! Quem o réu aponta como o autor do homicídio está morto. Quer dizer, o réu não foge à regra.*

Réu que foi encontrado com a suposta faca empregada para matar a vítima. Como se trata de uma faca artesanal e com corte diferenciado, ele alegou tê-la comprado porque costumava preparar churrascos. Intitulou-se, pois, um churrasqueiro amador. Justificativa, no mínimo, bizarra. Somente esqueceu de dizer que tipo de carne costuma retalhar: carne humana. Vejam a natureza e o local das lesões apresentadas pela vítima no laudo cadavérico. O rosto dela ficou disforme e fez um churrasquinho do restante do corpo, enxergando na vítima, decerto, uma carne suculenta e saborosa. Ademais, raciocinem comigo: como a faca foi parar com o réu depois do crime? Ou sempre esteve com ele — o que é mais razoável, pois a faca lhe pertencia —, ou lhe foi devolvida por aquele a quem acusa de ser o assassino. Logo, das duas, uma: o réu é o assassino ou auxiliou o assassino, ao lhe emprestar a faca, participando, de qualquer maneira, do crime. Não existe uma terceira opção. Também não há, em todo o processo criminal, um laudo sequer atestando a presença de impressões digitais na faca. Não foi feito esse exame chamado datiloscópico; e, consequentemente, não há evidência consistente de que, além do réu, outra pessoa tenha usado a faca.

Vale ressaltar que o réu, no momento em que foi encontrado com a faca, vestia uma roupa nova e limpinha. Perguntei a ele: "Trocou de roupa porque a outra estava suja com o sangue da vítima?". Respondeu somente que não. Nada mais. Admitiu, então, que trocou de roupa. Decerto para evitar que alguém o identificasse pelas vestes.

O réu conhecia a vítima. Pode-se até dizer que se tornou inimigo capital dela, quando um dia antes do crime se desentenderam numa festa. Houve empurrões e agressões recíprocas. Enfim, logo depois da briga, o assassinato; e, nesse meio-tempo entre a briga e o assassinato, o réu ameaçou de morte a vítima, dizendo-lhe: "Se afasta de mim e toma cuidado! No dia que eu trombar contigo, você vai morrer!", conforme relataram agentes policiais que investigaram a fundo o crime. Presume-se a veracidade dessa ameaça porque foi devidamente documentada e subscrita pelos referidos policiais num relatório de investigação juntado no processo. Estamos diante de um crime premeditado; pensado com antecedência; e quem tinha motivos para pensá-lo? O réu!

Se não bastasse, o briguento do réu, quando adolescente, foi acusado de matar outra pessoa da mesma maneira, mediante emprego de arma branca — no caso, um canivete. Se cotejarmos ambos os assassinatos, o que praticou como menor de idade e este, identificam-se certas regularidades. Um agir padronizado, de um homicida contumaz, criminoso em série, que mata as vítimas do mesmo modo. Reparem que minha intenção, ao expor o passado do réu, não é provocar uma aversão ou repulsa a ele, obtendo, com isso, uma predisposição para puni-lo, mas, sim, demonstrar que o homicídio que se lhe imputa é apenas um prolongamento de sua carreira criminosa.

Por falar em reincidência, não se descarta que o réu, mais uma vez, volte a delinquir. Recordo-me que, certa feita, um acusado, com os mesmos predicados apresentados pelo réu, foi absolvido pelo júri; e, meses depois de solto, matou um menino de 11 anos. Daí, alguém tirou cópias da decisão absolutória e, além de espalhá-las pela cidade, enviou-as para cada um dos jurados que participaram do julgamento, a fim de lhes refrescar a memória e culpá-los pela morte da criança: "viram o que vocês fizeram?". Não estou dizendo que esse constrangimento acontecerá de novo. Todavia não posso prevê-lo nem o evitar; e nos dá conta do cuidado que devemos ter ao colocar um homicida nas ruas. Temos contas a prestar!

Não vamos falar da desqualificação das testemunhas de acusação feita pelo réu. Diz ele que, "pela lei, são informantes, e não testemunhas, porque são parentes ou próximas da vítima. Tidas como suspeitas, indignas de confiança, tanto é que não fizeram, sob palavra de honra, a promessa de dizer a verdade". Mas, obviamente, empreguei o termo testemunha em sentido amplo: qualquer pessoa que sabe de alguma coisa, que viu, ouviu ou, de algum modo, tomou conhecimento sobre o crime e suas circunstâncias. Nessa acepção, reputo que quem é chamado a depor é sim testemunha, para todos os propósitos práticos.

Ainda a respeito da prova testemunhal, reconheço que o réu tem um álibi: uma namorada com quem estava a um quarteirão de distância do local do homicídio, no exato momento em que a vítima foi esfaqueada. Ora essa, o réu vale-se do testemunho de uma pessoa que mantém com ele um relacionamento terno, meigo, próprio de amantes, ao tempo em que desperta suspeita sobre testemunhas que integram o círculo de amizade da vítima. Hipócrita! Exige para si o que nega para os outros. Logo, duvidoso o seu álibi, de acordo com as razões invocadas pelo próprio réu.

Além de imprestável o álibi, está escrito no processo que o réu se tornou, na prisão, um devotado cristão; e, em sua conversão evangélica, ao pregar aos demais detentos, teria confessado espontaneamente que matou a vítima. Perguntado sobre essa revelação, ele despistou com aquela ladainha: está passando por um martírio igual ao de Jesus, que foi processado e julgado injustamente... não se recorda de ter confessado... os colegas de cárcere, para os quais pregou a Palavra, negam ter ouvido qualquer confissão... etc. De fato, nenhum preso disse ter ouvido o réu confessar o assassinato. Só que isso, por si só, não prova a inexistência da confissão. O réu crê piamente nos milagres, crucificação e ressurreição de Cristo, tais como narrados na Bíblia; e essa crença não está embasada em testemunhas oculares. Pela mesma razão, não há necessidade de testemunhas que tenham visto com os próprios olhos a confissão do réu para crer nela. Não se trata apenas de uma questão de fé, mas, sim — e antes de tudo —, de coerência e lógica. A propósito, quem descumpriu o que está nas Sagradas Escrituras foi o réu, ao violar um dos dez mandamentos: "Não matarás" (Ex 20,13); nós, ao contrário, estamos dando cumprimento ao que nelas está escrito: "Não matarás, pois quem matar responderá em juízo" (Mt 5,21).

Abro aqui um parêntese para esclarecer que, como promotor de justiça, não estou obrigado ou forçado pelas circunstâncias a acusar quem quer que seja. Tenho a faculdade, *ou melhor, o dever, de pedir a absolvição, caso não esteja plenamente convencido da culpa do réu. Assim, tal qual o jurado, examino a causa de acordo com a minha consciência e os ditames da justiça. Estamos juntos e do mesmo lado! Sou, **grosso modo**, um jurado também. Diversamente, o advogado do réu tem que defender um assassino que sabe ser culpado. Não tem alternativa, sob pena de o juiz declarar o réu indefeso. Então, pergunto: se eu e o advogado bebemos da mesma fonte (provas do processo criminal), qual a versão dos fatos merece mais crédito? A versão apresentada por mim, embasada na liberdade de escolha sobre a culpa ou inocência do réu, ou a de meu oponente (o advogado), que não tem opção, proibido que está de considerar seu cliente (o réu) culpado, mesmo sabendo-o? Se o promotor de justiça não precisa mentir, por que eu o faria?*

Prosseguindo, o réu tentou desqualificar a vítima ao dizer que ela era barra pesada, traficava drogas, batia na mulher etc. Passou recibo, falando mal da vítima. Se ele, o réu, não teve envolvimento no crime, não tem motivo para difamá-la; se não tem nada a ver com o que aconteceu, não há razão para maldizer a vítima. A conduta social dela lhe seria indiferente. Insultando-a, assume o réu sua implicação no crime; e não podemos deixar de levar isso em consideração: criminosos célebres agiram da mesma forma, negando a autoria do crime sem poupar insultos e maledicências à pessoa assassinada. Queriam, no seu íntimo, justificar moralmente o homicídio cometido, culpando a vítima pela própria morte. Qualquer semelhança com o réu não é mera coincidência.

Consta que réu e vítima viviam no mesmo bairro. Tinham amigos em comum e frequentavam os mesmos lugares. Os comentários ou rumores nessa região são de que o réu é o assassino. Todo mundo crê que foi ele quem matou, inclusive muitas pessoas que conheciam e até conviviam com ambos, réu e vítima, até porque a vítima teria mencionado o nome do réu depois de ter sido esfaqueada, enquanto se esvaía em sangue, agonizando, antes de morrer. A defesa contesta isso com o depoimento de um médico, que aponta a morte instantânea da vítima, asseverando a impossibilidade de ela ter dito algo, devido às lesões no encéfalo e nas cordas vocais, produzidas pelos tiros que recebeu. Para o médico, a vítima não era capaz nem de sussurrar. Porém, tal médico é um clínico geral. Não se trata de um médico especialista em cabeça e pescoço. Tampouco perito legista, que realiza autópsia, examinando cadáveres para descobrir a causa e as circunstâncias da morte. Na realidade, é um médico midiático e controverso. Gosta de holofotes e de aparecer.

Assim, as evidências são cumulativas e se encaixam como peças de uma quebra-cabeça, inferindo-se delas que a prova produzida no processo, na sua totalidade, incrimina e recai sobre uma única pessoa: o réu.

Encerro por aqui, não sem antes rebater dois apelos emocionais que a defesa dos réus sempre usa. Primeiro: "O réu é arrimo de família. Sua prisão deixará sua mãe e a avó doente, que dele dependem, desassistidas e abandonadas à própria sorte. Sem renda, serão despejadas de casa, indo morar e viver na rua". Segundo: "Presídios são universidades do crime, sucursais do inferno, que não recuperam ninguém. O preso que lá entra sai pior". Refuto esses argumentos falaciosos, lembrando que o réu está vivo e a vítima morta. Antes preso do que no cemitério, onde está a vítima — será que ele quer ou desejaria trocar de lugar com a vítima? E que o tempo na prisão lhe sirva para expiar seus pecados. Uma migalha de penitência perto do sacrilégio cometido, o assassinato. Tem de pagar pelo que fez e esse é o preço! Está barato! Afinal de contas, qual é o preço da vida de um filho? Ou de um pai? Ou, ainda, de um amigo ou irmão? Depois, o réu poderá refazer sua vida, oportunidade que a vítima não terá, porquanto a pena dela é perpétua: "o descanso eterno", como escrito na sua sepultura. Ninguém volta do além; ele ganhará a liberdade e a vítima um jazigo — num futuro próximo, será solto, enquanto a vítima não passará de um punhado de pó, sobre o qual seus pais estão a derramar lágrimas eternas. Essa é a essência de tudo que tratamos e debatemos aqui, neste tribunal, e sobre a qual recairá nosso julgamento. Recordo-me como se fosse hoje o dia em que a mãe da vítima me contou quando ficou sabendo da morte de seu filho. Recebeu uma ligação da funerária — é normal o agente funerário chegar ao local do crime antes dos peritos, do rabecão[134] e até mesmo dos policiais. No início, ela não queria acreditar: "Meu filho? Morto? Não pode ser! Com certeza é um engano!". Seu marido foi ao necrotério na ilusão de desfazer o equívoco, enquanto ela, esperançosa, passou horas de indescritível padecimento e angústia, aguardando o desmentido, que não veio. O marido, mal chegou ao prédio onde se guardam cadáveres para identificação, recebeu um recado: "Achamos isto. Veja se é a camiseta de teu filho". Ele a reconheceu e disse: "É a camiseta de meu filho". Nem quis ver o corpo. "Vieram consolá-lo, mas recusou ser consolado, dizendo: Não! Chorando descerei à sepultura para junto de meu filho"[135]. Desolado, foi para casa, onde sua mulher, vendo

---

134   Veículo que leva o cadáver ao Instituto Médico Legal (IML), para necropsia.
135   Gn 37,35.

o semblante do marido, entrou em desespero e desmaiou. Ao recobrar os sentidos, ainda não queria crer no que havia acontecido; não podendo descartar o engano, achou que tudo não passava de um pesadelo. Um terrível pesadelo. Começou a tomar doses cavalares de barbitúricos. Só queria dormir e acordar no dia seguinte, para se dar conta de que o sonho ruim se fora. No dia seguinte, porém, levada à presença de amigos e familiares que velavam o corpo, aproximou-se do caixão; e viu que era ele mesmo quem estava ali. Não teve dúvida. Olhou bem! Seu filho! Envolvido em panos de linho com os aromas e perfumes das coroas de flores! Pálido, mas com o mesmo semblante que exibia toda manhã ao lhe dar bom-dia e um beijo no rosto; pronto para se despertar a qualquer momento. A dor dela era tamanha que se dizia ter chegado o dia profetizado pelo Nazareno: "Felizes as estéreis, as entranhas que não conceberam e os seios que não amamentaram!"[136]; e, ao pé do caixão, a mãe da vítima permanece mentalmente até hoje. Externo, pois, meu sincero e profundo sentimento de pesar aos pais da vítima, que dariam, certamente, tudo o que têm para tê-la de volta nem que fosse por breves segundos. Mas, como disse, não é possível. Irão embora daqui sem ela. Assassinada, foi-se de vez, sem direito sequer a uma despedida ou a um último abraço. Então, façam isso por eles ao chegarem em casa. Abracem seus filhos, já que os pais da vítima não poderão fazê-lo. Se não os encontrarem em casa, telefonem e ouçam a sua voz, o que os pais da vítima não poderão fazê-lo. Nunca mais! Sintam o que deles foi roubado pelo réu (todo homicida é também um ladrão): a subtração de anos de convivên-

---

136   Lc 23,29.

cia com o filho e a sua descendência. A sua descendência! Sumariamente abortada! Aniquilada! E que a dor desses extremosos pais lhes seja tão cara quanto a sua própria, estivessem — Deus nos livre — na mesma situação. A eles, os pais da vítima, devemos direcionar nossa piedade. Não podemos decepcioná-los. Muito menos desampará-los, para que alcancem serenidade e paz. A condenação do assassino de seu filho não eliminará a tristeza que sentem, porém terá a força de um alento. Demais, recusamo-nos a ser coniventes com este horrendo crime e cúmplices de quem o praticou!".[137]

---

137 As falácias relacionadas estão contidas no discurso nessa ordem.
I. *Argumentum ad consequentian* (argumento a partir das consequências)
II. *Argumentum ad Metum* (apelo ao medo)
III. Falácia da derrapagem (ou "bola de neve")
IV. *Argumentun ad Verecundiam* (apelo à autoridade irrelevante)
V. Equívoco
VI. Acidente
VII. Falácia do espantalho
VIII. Falácia do terceiro excluído ou falso dilema
IX. *Argumentum ad ignorantiam* (argumento pela ignorância)
X. Pergunta Complexa
XI. Falsa Causa (causa questionável)
XII. *Petitio Principii* (petição de princípio ou raciocínio circular)
XIII. Acidente Convertido (generalização apressada ou precipitada)
XIV. *Argumentum ad baculum* (recurso à força)
XV. Falácia escocês de verdade
XVI. *Tu quoque* (apelo à hipocrisia)
XVII. *Argumentum ad hominem* (circunstancial)
XVIII. Falácia genética
XIX. Falácia afirmação do consequente
XX. Falácia de associação (culpa por associação)
XXI. *Argumentum ad populum* (apelo à multidão)
XXII. *Argumentum ad hominem* (ofensivo)
XXIII. Falácia da composição
XXIV. *Ignoratio elenchi* (conclusão irrelevante)
XXV. *Argumentum ad misericordiam* (apelo à piedade)

Tarde da noite, saiu o veredito: o réu foi condenado a 21 anos de prisão. Intensamente comemorado o resultado, a frase que mais se ouvia era: "a justiça foi feita!". Depois de tanta tensão e expectativa, em um julgamento que durou mais de 12 horas, a sensação era de alívio. Algumas pessoas não conseguiram se conter e caíram no choro. O promotor de justiça, aparentando satisfação pelo dever cumprido, recebia efusivos e calorosos cumprimentos. Com muita comoção, trataram-no como um herói, seguindo-se um convite para ir a um lugar reservado, onde poderia merecidamente alimentar-se, descansar e — por que não? — celebrar sua exitosa atuação. Polidamente, porém, declinou o convite, alegando que tinha um inadiável compromisso: tomar parte de outro julgamento, em outro tribunal, enquanto dizia de si para si: "Eu fracassei! Eu fracassei...". Perplexas, as pessoas chegavam-se a ele, pedindo-lhe uma explicação: "Como assim? Participar de outro julgamento? Que tribunal é esse?". Ao que esclareceu, com o espírito quebrantado, o contrito promotor de justiça: "O tribunal da minha consciência, onde sou réu confesso, reincidente, e onde minha alma testemunhará contra mim. Adeus".

PARTE DOIS

Lições

Papéis

O caso era aparentemente simples. O réu saiu embriagado do bar com a esposa e bateu o carro em outro. Culpando-a pela batida, dizia para sua mulher: "Você viu o que você fez? Por sua causa bati o carro! Eu vou te matar! Eu vou te matar! Não quero mais você!". E deu-lhe uma facada fatal. Cravou uma faca no peito dela, que estava grávida de seis meses. Só que, na hora do julgamento, a história vira outra na boca do réu e de seu patrono. Disse o acusado que a facada tinha como alvo o condutor do outro carro, envolvido no acidente, que queria briga; mas como a esposa estava perto, tentando apaziguá-los, acabou atingida. Uma fatalidade.

Com frequência, a tese de defesa vem antes do conhecimento dos fatos; o defensor a elabora anteriormente à entrevista reservada com o seu cliente para saber o que realmente aconteceu. Falta motivo? Inventa-se um! Se existe apenas um modo de afirmar a acusação (ele matou), de negá-la há vários (estava em outro lugar, agiu em legítima defesa, não teve intenção, foi um acidente etc.). Quando o advogado não acredita na mentira do cliente, acredita na própria mentira. A versão mais conveniente ao acusado explica muita coisa. A desfaçatez e o cinismo, o resto. Não convindo nenhuma versão, só apelando a Jesus.

A advogada era pastora, ou a pastora era advogada. Não se sabe qual sacerdócio veio primeiro. De qualquer maneira, ela defendeu o seu cliente invocando não os fatos, a lei e os códigos, mas sim e tão somente a Bíblia. Discursos nesse tom são até comuns nos tribunais. Disse a advogada-pastora:

> *"Sede misericordiosos como vosso Pai é misericordioso, perdoai, e vos será perdoado[138]." "Pois se perdoares aos homens os seus delitos, também o vosso Pai celeste vos perdoará; mas se não perdoares aos homens, o vosso Pai também não perdoará os vossos delitos[139]." "Não julgueis para não serdes julgados[140]." José perdoou a transgressão de seus irmãos, que o lançaram numa cisterna sem água, no deserto[141]; e depois o venderam por vinte moedas de prata para que fosse escravizado no Egito[142]. Rogo, pois, que perdoes a transgressão de um irmão — sentado ali, no banco dos réus, que não cometeu pecado maior do que o dos irmãos de José. O abençoado José beijou todos os seus irmãos e chorou sobre eles[143]. Peço bem menos que*

---

138 Lc 6,36.
139 Mt 6,14-15.
140 Mt 7,1.
141 Gn 37,24.
142 Gn 37,28.
143 Gn 45,15.

isso, apenas compaixão. Moisés pediu perdão ao seu povo pelo bezerro de ouro, e Deus perdoou[144]. Na época de Jesus, o adultério era crime tão ou até mais grave que o assassinato — punido com apedrejamento. E surpreendida uma mulher em flagrante delito de adultério, o que falou Jesus aos que queriam apedrejá-la? "Quem dentre vós estiver sem pecado, seja o primeiro a lhe atirar uma pedra[145]!" Perdoou-a, dizendo a ela: Ninguém te condenou? Então, "nem eu te condeno. Vai, e de agora em diante não peques mais"[146]. O réu está na mesma posição que a adúltera, sendo acusado de um crime. Se o homicídio põe fim a uma vida, o adultério destrói famílias, pondo fim a muitas vidas! Ambos, assassínio e adultério, saem da mesma fonte: o coração dos homens[147]. O que se aplica a ela não serve a ele? Não merece uma segunda chance como a adúltera? Mesma doença, mesmo remédio! Digo mais, o que disse Jesus quando Pedro, "chegando-se a ele, perguntou-lhe: Senhor, quantas vezes devo perdoar ao irmão que pecar contra mim? Até sete vezes? Jesus respondeu-lhe: Não te digo até sete; mas até setenta e sete vezes"[148]. Uma correção fraterna, é disso que o réu precisa, como está em Lucas 17:3: "Se teu irmão pecar, repreende-o e se ele se arrepender, perdoa-o". O réu está arrependido!

O promotor de justiça é mais que Mateus? É mais que Marcos? É mais que Lucas? É mais que João? É mais que todos

---

144 Ex 32,32.
145 Jo, 8,7.
146 Jo 8,11.
147 Mc 7,21.
148 Mt 18,21-22.

os evangelistas juntos? Deve achar que está acima de Paulo, o apóstolo dos gentios, que disse na Epístola aos Romanos: "Assim, és inescusável, ó, homem, quem quer que sejas, que te arvoras em juiz. Naquilo que julgas a outrem, a ti mesmo te condenas, pois tu, que julgas, fazes as mesmas coisas que eles"[149]. Quanta arrogância da acusação!

E nessa toada discursou a advogada-pastora durante uma hora e meia, citando, alternadamente, o Antigo e o Novo Testamento; invocando versículos, parábolas, provérbios, a palavra dos profetas etc., para pedir perdão em nome do réu. Clemência.

Meses depois, a advogada — ou pastora? — foi contratada pela mãe de uma vítima assassinada pelo companheiro, para auxiliar o promotor de justiça na acusação. Também um caso de feminicídio — motivo: suspeita de adultério; e, na função de acusadora, dirigiu-se ao réu, face a face com ele, dizendo com a habitual contundência de sempre:

"*Vossas mãos estão cheias de sangue[150]!*" *Caim matou Abel, o primeiro homicídio da história, e Deus o castigou, condenando-o a ser fugitivo e andarilho pelo mundo[151]. Se Deus, que tudo pode, não perdoou Caim, quem somos nós, reles mortais, para perdoar um assassino? Não matarás, eis um dos dez mandamentos[152]; e é do coração dos homens*

---

149 Rm 2,1.
150 Is 1,15.
151 Gn 4,12.
152 Ex 20,13.

que saem as intenções malignas como os assassínios[153]*. Renunciou à semelhança: "Quem derramar o sangue de um homem, pelo homem o seu sangue será derramado; porque Deus fez o homem conforme a sua imagem"*[154]*. Ele é assassino! Assassino! Sendo este homem homicida, a pena lhe servirá de penitência, e a cadeia de lugar onde expiará seus pecados. Antes na prisão do que "no lago que arde com fogo e enxofre" — destino sombrio dos homicidas previsto no Apocalipse*[155]*. Dito isso, vamos soltar o réu, tal qual soltaram o também homicida Barrabás*[156]*? Não! Não! Suplico, em nome de Jesus, mil vezes, não! Salomão, o homem mais sábio de todos os tempos, nos adverte: "Visto como se não executa logo o juízo sobre a má obra, por isso o coração dos filhos dos homens está inteiramente disposto a praticar o mal"*[157]*. O escriba Esdras, que conduziu os israelitas do exílio babilônico a Jerusalém, descendente do primeiro sumo sacerdote de Israel, Aarão, prescreve: "E todo aquele que não observar a lei do teu Deus e a lei do rei, logo se faça justiça dele, quer seja morte, quer degredo, quer multa sobre os seus bens, quer prisão"*[158] [...].

Enfim, citando as Sagradas Escrituras, evocando preceitos bíblicos, ensinamentos religiosos contidos nos evangelhos canônicos e apócrifos etc., pediu a condenação do réu. Longos anos de prisão.

---

153 Mc 7,21.
154 Gn 9,6.
155 Ap 21,8.
156 Mc 15,7.
157 Ecl 8,11.
158 Esd 7,26.

E nos dois julgamentos a advogada-pastora, orgulhosa de sua pretensa honestidade intelectual, saiu convencida de que louvou a Deus, cumprindo sua Palavra.

Vício

A criança tinha 2 anos quando morreu brutalmente espancada pelo padrasto. Levada ao hospital, a gravidade das agressões por ela sofridas era tão evidente que os médicos não hesitaram em acionar a polícia. A autópsia mostrou lesões recentes e antigas em várias partes do corpo, indicando espancamento recorrente — vinha acontecendo há tempos; vizinhos disseram que "ouviam sempre a criança chorando muito... um choro característico de quem estava sendo castigado, pois era muito intenso... a criança chorava além do normal...", e "de tão bárbaro, o crime chocou até o coveiro responsável pelo sepultamento"[159]. Descartada a hipótese de acidente, só podia ter sido o padrasto o responsável pelas lesões que causaram a morte da criança. Prova por exclusão: na casa, no momento que se deu o fato, estavam apenas ele, a mãe da criança e a criança; e apenas a mãe, desesperada, pediu socorro. O padrasto evadiu-se.

Porém, a mãe, depois de prestar depoimento na polícia, dois dias após a morte do filho, sumiu. Não se teve mais notícias dela nem conhecimento de seu paradeiro. Talvez tivesse medo de também "sobrar" para ela, ou seja, também ser culpada pela

---

[159] Matéria do *Correio Braziliense* intitulada "Garoto morre espancado", subscrita por Dante Accioly (Brasília, 3 fev. 2002).

morte da criança, pois omitiu-se. Sabia, ou deveria saber, que o filho estava sendo agredido e nada fez — uma mãe que tolera assistir ao filho sendo surrado com violência várias vezes não faz muita questão, a princípio, de ver o agressor punido por isso. Ou talvez o medo do então companheiro, padrasto da criança, fosse tão grande que não tinha coragem para incriminá-lo. Afinal, alguém que faz isso com uma criança era capaz de tudo; e, desde quando passaram a morar juntos, ele mostrou-se uma pessoa agressiva. Batia nela costumeiramente. Num outro relacionamento que o padrasto teve, a amásia dele chegou a lhe oferecer dinheiro para que fosse embora, desaparecesse da vida dela. Ele não aceitou, ameaçando-a de morte, "dizendo até que mataria seus filhos e também sua família, e (a amásia) nunca o denunciou à polícia por medo das ameaças que sofria". Além disso, no ambiente de extrema pobreza e vulnerabilidade social em que vivia, a mãe da criança sentia, desde sempre, até involuntariamente, que a impunidade era a regra. Denunciá-lo não significava nenhuma garantia de que o agressor fosse preso e muito menos condenado. Ficaria à mercê de sua fúria.

De qualquer maneira, ela não compareceria ao julgamento realizado dezenove anos depois do crime. Demora devido à fuga do padrasto por mais de uma década e à lentidão usual da Justiça. As testemunhas que ajudariam a esclarecer as circunstâncias do caso tampouco foram encontradas, algumas até haviam falecido. No tribunal, não haveria testemunhas. Nem choro ou lamentação: a mãe não choraria por seu filho. O que fazer? Só havia um jeito, o padrasto confessar a culpa. Não o fazer confessar propriamente a prática do crime, porque isso seria quase impossível; é muito raro um réu confessar um crime tão hediondo. Mas levá-lo, de algum modo, a cair em tantas e tamanhas evasivas e contradições, que seria o mesmo que admitir a culpa, equivaleria a uma confissão. E assim ocorreu. O padrasto, embora tivesse negado a acusação, não apresentou um motivo a que atribuí-la, chegando a imputar o crime à mãe da criança; mudou sua versão dos fatos no meio do depoimento, ora dizendo que tomou conhecimento da morte do enteado no dia seguinte pela televisão, ora três ou quatro dias depois numa conversa telefônica com sua genetriz (mãe do acusado).

Entretanto, ainda não era suficiente para um veredito de culpa. O promotor de justiça, pois, invocou os antecedentes criminais do padrasto; o envolvimento dele em brigas e outros crimes — cometidos antes e depois da morte da criança —, com o intuito de demonstrar que ele, pela personalidade e comportamento, era bem capaz de tê-la espancado até a morte. Tinha o costume moralmente censurável e nocivo de agir impelido por uma raiva enraizada, um impulso colérico; e "a impulsividade é extremamente destrutiva"[160]. Esse foi o motivo do crime: "a ira é algo que literalmente te vicia; a pessoa fica irada uma vez, uma segunda vez... é um pouco como álcool, um pouco como drogas... ele acaba entrando nesse mundo e é difícil sair..."[161]. Em arremate, o promotor de justiça trouxe à tona uma notícia publicada ao tempo do crime em que a própria mãe do padrasto o chamava de monstro: "Vi

---

160 WEITMAN, Rabino Y. David. *A arte de ser mais gente: aperfeiçoando nosso caráter.* São Paulo: Maayanot, 2009, p. 248.

161 WEITMAN, Rabino Y. David. Antídotos para a ira e cólera: Manual Judaico com Rabino David Y. Weitman. YouTube. Disponível em: https://www.facebook.com/share/v/8zfFD5WdQaM-fUMrX/?mibextid=iCjFHx. Acessado em: 24 jan. 2024.

o jeito que o menino ficou. Estava todo machucado: o rosto roxo e a cabeça inchada. O monstro que fez isso é meu filho"[162].

Dessa maneira, tendo o crime ocorrido num lugar miserável, envolvendo pessoas miseráveis, o processo foi julgado, sem testemunhas, perante um plenário totalmente vazio — um julgamento qualquer; e o réu, que havia tido seu dia de Herodes quando ficou muito irritado e matou uma criança de 2 anos, reviveu-o, dezenove anos depois, condenado a 25 anos de prisão, "sem ser pranteado por sua família"[163] nem por qualquer indivíduo na face da Terra, como sucedeu com o rei da Judeia em 4 a.C.

Culpado

A vítima era usuária de drogas e para sustentar o vício praticava pequenos furtos. Resolveu, então, furtar o aparelho de som da igreja. Mas seu primo, que era membro da congregação, foi com uma arma de fogo ao encontro dela para tirar satisfação. Começaram a discutir. A irmã da vítima até tentou apaziguá-los, pedindo calma. Não adiantou; e viu quando a vítima foi atingida por um tiro na cabeça desferido pelo primo.

Preso e processado, o primo da vítima sempre insistia na mesma versão: não teve a intenção de matá-la; o revólver não era dele, mas, sim, da vítima; e, ao tentar tomá-lo, a arma disparou. Alegou o primo da vítima, pois, ter agido em legí-

---

[162] Matéria do *Correio Braziliense* intitulada "Garoto morre espancado", subscrita por Dante Accioly (Brasília, 3 fev. 2002).
[163] VERMES, Geza. *Quem é quem na época de Jesus*. São Paulo: Record, 2008, p. 138.

tima defesa — quando muito, houve um disparo acidental. E assim falava e se justificava à exaustão para os pais, irmãos, tios, sobrinhos, amigos e conhecidos.

A irmã da vítima contradizia esse relato. Segundo ela — testemunha ocular do fato —, a vítima estava desarmada; não reagiu e foi atingida por um tiro efetuado à queima-roupa. No dia do julgamento, mostrou-se desejosa de perdoar o assassino de seu irmão, desde que ele contasse a verdade, ou seja, parasse de mentir, assumindo não ter agido em defesa própria e nem ter havido uma fatalidade. Concedeu-lhe, enfim, a oportunidade de julgar a si mesmo, antes que fosse julgado por seus semelhantes.

Não adiantou, o primo da vítima repetiu que matou para não morrer, culpando a vítima pela própria morte. Incapaz de confrontar a realidade, mentiu outra vez. Talvez porque dizer a verdade o faria pegar mais de doze anos de prisão; talvez por vergonha ou receio de defrontar-se com as pessoas que lhe são mais caras e próximas — como familiares e amigos — depois de jurar inocência. Encará-las, após admitir que mentiu para elas também, era um preço muito alto que não conseguia ou não estava disposto a pagar.

Absolvido, o primo da vítima saiu do tribunal mais preso do que quando entrou. Acorrentado — sabe-se lá até quando — pela mentira por ele concebida e externada. Ainda que tenha se lamentado pelo ocorrido, sendo seu crime conhecido de todos e cometido contra o próximo, faltou-lhe a confissão; reconhecer o mal que praticou; demonstrar sincero arrependimento; envergonhar-se; fazer "um exame minucioso do próprio caráter para se descobrir o que tornou possível a transgressão e, em seguida, [...] [fazer] as mudanças necessárias no caráter para evitar a repetição da falta"[164]. Para tanto, não precisava pedir perdão nem justificar o comportamento. Bastava um simples "eu errei!". Sem declarar sua culpa, nem mesmo aos pais e irmãos da vítima, não fez as pazes com eles; e por eles não foi absolvido, até porque não se tornou uma pessoa diferente daquela que cometeu o assassinato. Sua redenção nunca será completa.

Oximoro

À noite, na casa da vítima, o réu tinha estado lá, sendo a última pessoa a ser vista com ela. Ele, o réu, um jovem foragido de uma unidade de internação para adolescentes infratores; já havia sido preso — e, quando menor, apreendido — pela prática de diversos crimes: assassinato, roubo, receptação etc. Ela, a vítima, um homem de 40 anos; uma pessoa tranquila, sossegada, querida por todos; um manso, incapaz de fazer mal a alguém, e sempre que bebia ficava ainda mais inofensivo, além de vulnerável, ao convidar os outros para beber em sua casa.

Fora essa evidência (vítima vista pela última vez com o jovem), não existia outra, quando, no dia seguinte, a vítima foi encontrada morta com catorze facadas, em um depósito de cascalho — local de desova de cadáveres. E, na condição de réu, a lei assegurava ao jovem o direito de permanecer calado: a sua mudez sobre o ocorrido não importaria em confissão nem poderia ser interpretada em seu prejuízo[165]. Mas o silêncio fala; com a voz da indiferença, um tanto pior.

---

164 TWERSKI, Abraham J. *Façamos o homem*. São Paulo: Colel Torat Menachem, 1992, p. 91.
165 Artigos 186 e 198 do CPP.

Quando lhe perguntaram, não sendo verdadeira a acusação, se conhecia o verdadeiro assassino e se estava com ele antes, durante ou depois do crime, o jovem disse que nada falaria, nem daria nomes. Silenciou-se, resguardado pela lei, embora demonstrasse saber quem matou a vítima e como ela morreu. Deu a entender que foi um espectador passivo do assassinato, desconhecendo ou fazendo pouco caso do imperativo de intervir: "Não ficarás em silêncio enquanto o sangue do teu irmão é derramado"[166]. Enfim, deu a mesma resposta que Caim, quando indagado onde estava seu irmão Abel: "Eu não sei; sou eu o guardador de meu irmão?"[167].

Sua resposta foi sua sentença: condenado a doze anos de prisão; e seu nome lançado no rol dos culpados.

Desvio

O menino tinha 10 anos e o tio era uma pessoa com deficiência intelectual. Na realidade, eram duas crianças, pois o tio pensava, agia e usava linguagem de modo infantil. Quando viram uns carrinhos — desses de brinquedo, que cabem na palma da mão — no quintal do vizinho, pularam o muro para pegá-los. Tal atitude por parte de pessoa adulta seria, no máximo, um comportamento impróprio, uma imprudência. No caso, em vista da imaturidade e ingenuidade, próprias de criança, nem isso. Uma criancice, por assim dizer, até porque os carrinhos eram velhos e pareciam abandonados.

---

166 Lv 19,16.
167 Gn 4,8-9.

Mas, assim que avistou o menino e seu tio, o morador partiu com um facão para cima deles e desferiu repetidos golpes na cabeça, pescoço e costas do tio, que não teve condições nem tempo de esboçar qualquer reação, salvo uma súplica: "não me mata, não!". Enquanto seu tio era retalhado a facadas, o menino pulou o muro de volta, retornando para casa. Morto o tio do menino, o morador colocou o corpo no porta-malas do carro, levando-o até um matagal, para ocultá-lo.

Preso o morador, seguiu-se o roteiro, que quase sempre é o mesmo. Primeiro, negou qualquer participação no crime; mas, após ser confrontado com fortes evidências que o desmentiam (quintal e carro sujos de sangue; sua imagem dirigindo o veículo na direção do matagal; testemunho coerente e firme do sobrinho da vítima etc.), não teve alternativa, confessando o assassinato. Daí, confessado o crime, restou-lhe criar um álibi moral, para justificá-lo, culpando a vítima pela própria morte: afinal, a vítima "invadiu" sua casa, pulando o muro; e quem não tem fobia (medo mórbido e extremo) diante de uma incursão ou a profanação à sua residência?

Posta a fobia no banco dos réus, o morador foi condenado sem ter sido levada em consideração a crueldade empregada. Teve a pena reduzida e foi solto. Equiparou-se a travessura da vítima (pular o muro do vizinho) a um ato injusto (violação de domicílio) capaz de levar uma pessoa a matar outra; ou seja, o morador teria agido subjugado por uma intensa e brutal cólera ou ira (*sob o domínio de violenta emoção*) porque o menino e seu tio pularam o muro da casa (uma *injusta provocação*).

Assim, tornamo-nos, se não cúmplices do assassino, pelo menos aliados objetivos de seu instinto homicida, a evidenciar que a empatia ou "a piedade mal dirigida [...] pode levar às mais cruéis consequências"[168].

Equivalência

A vítima, através de um espelho que impedia quem estivesse do outro lado de vê-la, reconheceu o acusado como aquele que atirou nela e no seu amigo. Identificou-o, inclusive pelo nome, de forma categórica — "sem nenhuma sombra de dúvida", como costuma ser registrado no termo de reconhecimento. O amigo, atingido por cinco tiros nas costas, morreu; ela, a vítima sobrevivente, embora atingida no braço por um tiro, conseguiu fugir.

Além desse reconhecimento, não havia outra prova. Ninguém mais disse ter visto o acusado na cena do crime — nenhuma testemunha; o motivo do crime (provavelmente relacionado ao vício e à dívida de drogas) não fora devidamente esclarecido; a arma de fogo empregada não fora encontrada; e o acusado negava, havia dois anos, desde o início do processo, ter atirado na vítima e no amigo dela. Ou seja, com exceção da identificação do acusado pela vítima que sobreviveu, nada mais havia nos autos. Absolutamente nada; e, em casos que tais, o valor e a credibilidade conferidos ao depoimento da vítima são relativos, dá-se mais importância e relevância

---

168 BUNIM, Irving M. *A ética do Sinai: ensinamentos dos sábios do Talmud*. São Paulo: Sêfer, 2001, p. 22.

PARTE DOIS : LIÇÕES

a eles, por exemplo, em crimes sexuais (estupro, por exemplo), em geral cometidos em locais ermos ou isolados, sem testemunhas presenciais.

Condenado a 21 anos de prisão, com base nesse único depoimento, o acusado foi algemado e levado ao presídio, na presença do filho de 10 anos e da mulher, que sabia, por conhecimento próprio e insuspeito, o que os demais apenas supunham ou presumiam: o acusado era, sim, culpado. A acusação era, de fato, verdadeira: seu marido cometera os crimes. Mesmo assim ela amaldiçoou a decisão, praguejou contra todos no tribunal, extravasou ira e rancor contra tudo. Enfim, plantou a semente da revolta, da vitimização e do ressentimento, no coração do filho, em vez de, tendo plena certeza da culpa do marido, dizer à criança: "seu pai ficará preso porque andou com más companhias e fez coisa errada, mas ele está arrependido!".

Enquanto isso, o promotor de justiça, que tinha apenas a verdade de uma das vítimas para firmar sua convicção sobre a culpa do acusado, saiu do julgamento aflito. Vindo à tona uma questão milenar, que sempre o atormentava: o depoimento de uma única testemunha pode ter o valor de uma sentença?

Oito anos depois, o promotor de justiça, ao chegar no tribunal, deparou-se com aquele filho do acusado, o rebento extraviado, sentado no banco dos réus.

Produto

De tempos em tempos, presos se matam na cadeia. Inseguros,

> todos se armam do jeito que conseguem. E um olhar de lado já deixa um outro pensando que o outro quer matar ele. E o outro pensa a mesma coisa. E o preso está sem proteção e segurança e imagina que deve matar seu inimigo antes que esse inimigo resolva matar ele. E não aguenta ficar as noites sem dormir e esperando a morte. E mata um sujeito que, às vezes, nem tinha arma e nem intenções assassinas. Uma vida de terror[169].

Os suspeitos de alcaguetar alguém são sumária e impiedosamente assassinados. Seus algozes (detentos-justiceiros), menos exigentes quanto à necessidade de prova do que a Justiça que os colocou na cadeia, satisfazem-se com meros boatos ou rumores da caguetagem, para decretar a morte de um suposto dedo-duro — "sugestões transformam-se em verdade"[170] não apenas na mente de quem prende, mas também na do preso.

Morto o sujeito, no momento em que seu corpo é retirado do xadrez, pode ser que algum colega de cela assuma o assassinato, confessando tê-lo cometido. Faz isso porque deve algo a alguém e tem uma pena de prisão mais longa a cumprir do que os demais; ou em pagamento de drogas; ou, ainda, por

---

[169] Quem disse isso sabia do que estava falando: Madame Satã, famoso criminoso da primeira metade do século XX, cuja ficha criminal somava 29 processos (três homicídios, treze agressões, dois furtos, três desacatos, quatro resistências à prisão, um ultraje ao pudor e um porte de arma) e que "passou 27 anos e oito meses, entre idas e vindas, no Presídio da Ilha Grande" (SANTOS, João Francisco dos. *Memórias de Madame Satã*. São Paulo: Noir Editora, 2022, pp. 122-3).

[170] MENDES, Luiz Alberto. *Confissões de um homem livre*. São Paulo: Companhia das Letras, 2015, p. 254.

qualquer outro motivo que escapa ao nosso alcance. Impossível aprofundar nesse pormenor cujo conhecimento pertence só aos presos, e a mais ninguém — se até os vigias não percebem "noventa por cento do movimento real da prisão"[171], onde imperam a lei do mais forte, a covardia e o código de silêncio, muito menos o percebem os que estão fora deste mundo à parte "de concreto, grades, guardas e muralhas"[172] que é o estabelecimento prisional.

Assim, sacrificam um indivíduo em benefício do grupo; elegem ou combinam entre eles quem será o bode expiatório: o preso sacrificado "em nome do bem comum". Pegam essa pessoa para Cristo, fazendo um inocente pagar pelos culpados, como se dissessem: "é do nosso interesse que um só homem seja acusado em vez de incriminarem a cela inteira". Caifás[173] teria dito algo parecido antes de Jesus ser preso pelos romanos: "Não compreendeis que é do vosso interesse que um só homem morra pelo povo em vez de perecer a nação inteira?"[174].

Depois de processado, na presença do juiz, o preso oferecido em sacrifício se retrata, falando que não foi ele quem matou. Nega a acusação, sem indicar o assassino ou quem poderia sê-lo. Seus colegas de cela tampouco prestam alguma informação, declarando que "não viram nada... estavam dormindo...". Como prova sobra apenas a confissão de culpa do preso feita perante os agentes prisionais, colhida no início da investigação. Segue-se, então, das duas,

---

171 MENDES, Luiz Alberto. *Memórias de um sobrevivente*. São Paulo: Companhia das Letras, 2001, p. 176.
172 MENDES, Luiz Alberto. *Confissões de um homem livre*. São Paulo: Companhia das Letras, 2015, p. 263.
173 Sumo Sacerdote que teria colaborado com o império romano para a prisão de Jesus.
174 Jo 11,45-52.

uma: ou o caso é (i) arquivado, por não se chegar ao verdadeiro assassino (ignora-se a autoria: são uns quinze, vinte ou mais presos por cela, podendo quaisquer deles ter cometido o homicídio); ou (ii) julgado, com a condenação ou absolvição do preso oferecido em sacrifício.

Em suma, não se pune ninguém ou se pune, possivelmente, a pessoa errada. Mas para a Justiça, assim como na Matemática, menos com menos dá mais[175], de modo que, tendo alguém para acusar e processar, e cumprido o devido processo legal, o resultado será positivo.

Self x Selva

Não se conheciam pessoalmente. Havia três meses que trocavam mensagens num grupo de WhatsApp, quando ele escreveu: "Amanhã é meu aniversário. Quero comemorar!". Faria 28 anos, mas mentiu, dizendo que era 19. Duas irmãs, que tinham 15 e 14 anos, responderam: "vem passar seu aniversário aqui em casa!"; e ele foi. Comeu, bebeu e divertiu-se. Passou um dia agradável com as duas irmãs, a mãe delas e a bebê, de 11 meses — filha da irmã mais velha, de 15 anos. Elas também gostaram. À noite, as duas irmãs resolveram ir a uma festa; e ele foi também. A bebê ficou com a avó. Na festa, após tomar bebidas alcoólicas e usar drogas, assediou a mais nova. Queria "ficar" com ela de qualquer jeito, constrangendo-a com passadas de mão, "beijos roubados" e contato físico forçado, em meio a insistentes pedidos e propostas lascivas. Tanto

---

175 Multiplicando dois números com o mesmo sinal, o resultado é positivo.

PARTE DOIS : LIÇÕES

importunou que o anfitrião da festa "convidou-o a retirar-se", enquanto a menina se escondia no banheiro para fugir do assédio. Ele então teve que ir embora. Mas não foi para casa. Pelo menos não para a casa dele. Dirigiu-se para a casa das meninas, com quem havia passado o dia, lá ficando de tocaia, por horas, à espera delas. Como amanhecia e elas não chegavam, ele, a pretexto de buscar uma mochila que deixara na casa, abriu o portão e bateu à porta. Mal a mãe das meninas saiu com a bebê no colo, perguntando "cadê minhas filhas?", eis que ele começa a desferir golpes de faca nela; e quando uma das facadas atinge a escápula esquerda, a avó da bebê perde as forças do braço, vindo a bebê a cair no chão. De início, com o choque, a bebê ficou em silêncio. Instantes depois, porém, abriu o berreiro, chorando muito, e alto. Irritado com o choro, ele voltou-se para a bebê, dando-lhe duas facadas na cabeça. Não foi um, mas *dois* golpes de faca — sucessivos; e não em qualquer região do corpo: na cabeça — duas facadas no crânio da bebê. Levada às pressas para o hospital, a bebê, após diversas cirurgias e meses de internação numa unidade de tratamento intensivo (UTI), milagrosamente sobreviveu.

Preso e processado, quando ele foi a julgamento, três anos mais tarde, a bebê, embora viva, não falava, não conseguia ficar de pé, mal conseguia abrir os olhos e alimentava-se por sonda, devido às lesões produzidas pelas facadas. Sem percepção do mundo exterior, nunca havia brincado nem sentido o gosto de uma comida. Tampouco interagido ou abraçado alguém. Ficava o tempo inteiro deitada num carrinho de bebê. Às vezes, tinha alguns espasmos, pequenas contrações musculares involuntárias, a indicar que havia vida ali, naquele corpinho de criança; e, defronte dela, ele, o réu, justificou-se.

Disse o réu que não se lembrava dos golpes de faca que desferiu, porque tinha consumido Rohypnol (medicamento ansiolítico) com drogas (cocaína) e bebidas alcoólicas. A essa explicação para o crime que cometeu, agregou seu defensor:

> *Ele sempre foi um pobre coitado. Teve uma infância problemática e sofrida. Cresceu num lar violento. Ainda criança, via cotidianamente o pai alcoólatra espancar sua mãe, xingá-la de vagabunda e piranha. Apanhava de ambos. Passou fome. Não sabe o que é amor ou atenção, porque nunca os recebeu. Com baixa escolaridade, e exposto à violência e à extrema pobreza desde a mais tenra idade, suportou grandes dificuldades para sobreviver. Isso tudo certamente o deixou com graves sequelas psicológicas e emocionais. Causas que potencializaram os efeitos do Rohypnol tomado com drogas e álcool. Quais são esses efeitos? Amnésia (falha de memória), perda do contato com a realidade, despersonalização (sensação de desconexão do próprio corpo e de seus pensamentos) e incapacidade de controlar o raciocínio. Enfim, uma privação (material, social e afetiva) predispôs à ocorrência da outra, a dos sentidos: "Seu comportamento nada mais é do que o resultado inevitável de uma infância problemática, uma educação violenta"[176], catalisado pelos efeitos das drogas e remédio por ele consumidos; e, tornados mais potentes os efeitos do Rohypnol, o réu, ao cometer o crime, não sabia o que estava fazendo. Tanto é que não se lembra, e trata-se de um fato único e isolado em sua vida. Padecendo*

---

[176] AKIVA TATZ, Rabino Dr. *Guia do adolescente*. São Paulo: Associação Beneficente e Cultural Makom, 2021, p. 26.

PARTE DOIS : LIÇÕES

de um desarranjo mental do mais alto grau, teve abolida momentaneamente a capacidade de pensar e refletir. Um doente! Isso que ele era no momento do crime! Completamente dominado pela emoção e pelos impulsos! Suprimido assim seu livre-arbítrio[177], não agiu com consciência e vontade. Não tinha pleno conhecimento do mal e muito menos a intenção de o praticar. Estava subjugado por forças irresistíveis. Poder-se-ia esperar outro comportamento de alguém nessa condição? É justo aplicar a ele "os padrões apropriados para membros mais privilegiados da sociedade"[178]?

Numa breve pausa do julgamento para um lanche, a mãe da criança, comovida com as palavras do defensor, procurou o promotor de justiça. Com pena do réu, desejava falar com ele para dizer que o perdoava. O promotor de justiça apenas ouviu, e, logo depois, retomados os trabalhos, quando lhe foi concedida a palavra, disse:

Um animal desprotegido e acuado! Tal a imagem do réu, que ele mesmo e seu defensor projetaram, neste tribunal — a de um bípede despojado do livre-arbítrio. Para a defesa não existe diferença entre o homem e o animal; e se a defesa fez do réu um animal selvagem, para livrá-lo da responsabilidade de ser um homem[179], subtraindo o que tem ele de humano (opção de fazer ou não o bem), farei o

---

[177] LIVRE-ARBÍTRIO: poder ou possibilidade de tomar decisões seguindo somente o próprio discernimento. *In:* AULETE, Caldas. *Novíssimo Aulete dicionário contemporâneo da língua portuguesa.* Rio de Janeiro: Lexikon, 2011, p. 863.

[178] AKIVA TATZ, Rabino Dr. *Guia do adolescente.* São Paulo: Associação Beneficente e Cultural Makom, 2021, p. 26.

[179] Frase elaborada com base na citação de Samuel Johnson (1709-1784), escritor e pensador inglês: "Aquele que faz de si próprio uma besta se livra da dor de ser um homem".

caminho inverso: exaltá-lo-ei. Antes de pedir a condenação, ou precisamente para isso, resgatarei sua condição de ser humano — o pináculo da Criação! Desde que o homem comeu da árvore do conhecimento, do bem e do mal, distinguiu-se dos animais. Os animais agem por instinto; ele, não. O homem age de acordo com sua consciência; "é a única criatura capaz de indignar-se pelas suas omissões e faltas"[180]; e tal qual o ser humano difere das outras criaturas criadas, o réu diferencia-se dos outros seres humanos. Ele é um ser único e especial, dotado de uma dignidade inata e inalienável[181]. Nenhum homem é igual a outro. O defensor diz que ele não era livre para agir — moralmente irresponsável —, visto ter sua ação sido determinada por causas — as alegadas privações — que escapavam ao seu controle; e a culpa pelos crimes que cometeu seria dessas causas, de modo contrário ao que ocorreria se livre fosse. "Só que o oposto de livre não é causado, mas compelido"[182]. Compelido é forçado. E ninguém apontava uma arma para a cabeça dele exigindo que esfaqueasse a avó da bebê e a bebê. Ninguém havia sequestrado a mãe ou os filhos dele, obrigando-o a dar com uma faca golpes na avó da bebê e na bebê. Ele estava só! Ele e a faca! Ou melhor, ele, a faca, a avó da bebê e a bebê! Por isso, Deus disse a Caim: "Porventura se podes bem suportar, (ser-te-á perdoado), e se não, na porta o pecado jaz [...] mas tu podes dominá-lo"[183]. Veja bem, diz "na porta jaz o pecado", porém diz

---

180 DIESENDRUCK, Rabino Menahem. *Sermões*. 2. ed. São Paulo: Perspectiva, 2011, p. 42.
181 Idem, p. 44.
182 ROBINSON, Dave. *Ética no quotidiano*. Lisboa: Gradiva, 2019, p. 58.
183 Gn 4,7.

também "tu podes dominá-lo". Não vem ao caso saber os porquês de suas provações (do pecado jazer em sua porta), porquanto "a origem de seu problema pode estar além de sua livre escolha e até mesmo de sua compreensão, certamente"[184]. O que importa é exercer domínio sobre a situação de infortúnio e sofrimento. Por mais que sua infância tenha sido cheia de privações e dolorosa, isso não o tornou uma máquina, um robô, incapaz "de controlar completamente seus impulsos violentos"[185]. Nem o transformou em um animal irracional, que não sabe escolher entre o certo e o errado. Não o rebaixo a tanto, como fez o advogado dele, vendo-o como um resultado passivo "de seu passado e de sua natureza, fora de sua capacidade de mudar e dominar"[186]. Independentemente do que o levou à infeliz situação na qual hoje se encontra, o réu é responsável pelas suas decisões e atos. "Tomar decisões na vida e agir de acordo com elas é a expressão mais profunda de si mesmo"[187]. Não tem mais desculpas ou pretextos. É senhor de sua vontade, para o bem ou para o mal, como qualquer um de nós. "Um indivíduo sempre é responsável pelo seu comportamento. Conceitos como 'insanidade temporária' e 'impulso irresistível' não são defesas legítimas"[188]. Ainda que tudo esteja previsto no alto, nos foi dado o livre-arbítrio[189]. Em suma, das duas, uma: ou concluímos

---

184 AKIVA TATZ, Rabino Dr. *Guia do adolescente*. São Paulo: Associação Beneficente e Cultural Makom, 2021, p. 25.

185 Idem, p. 26.

186 Idem, p. 30.

187 Idem.

188 TWERSKI, Abraham J. *Vencedores viciados: o vício não escolhe suas vítimas*. São Paulo: Maayanot, 2001, p 24.

189 Ética dos Pais 3,19.

que o réu é responsável pelo que fez, porque humano, mandando-o por algum tempo ao cárcere para expiar seus pecados ou o colocamos numa jaula ad aeternum!

Num resultado previsível, o réu foi condenado a longos anos de prisão, porque a prova de seu crime estava lá, à vista de todo mundo, no carrinho de bebê, onde jazia a criança, aparentemente imersa em sono profundo, e para onde, de quando em quando, olhares eram dirigidos com compaixão. Todavia, engana-se quem acha que o promotor de justiça se alegrou e comemorou o resultado do julgamento. Sentia-se, quem sabe, tal como um médico que se vê obrigado a amputar algum membro de uma pessoa, como último recurso, para lhe salvar a vida.

Pagamento

Primeiro, ele ficou meses preso por ter sido encontrado com drogas e armas de fogo. Depois, mais de um ano por assalto à mão armada. Mal saiu, voltou ao presídio, acusado de ter cometido outro roubo, além de furtos. Nunca lhe passou pela cabeça devolver o que roubou ou pagar o valor da coisa roubada, na impossibilidade de restituí-la. Tampouco pedir perdão à pessoa de quem roubou. Muito menos arrepender-se dos seus crimes. A dor ou o prejuízo das vítimas não lhe importava. No lugar disso tudo, algum tempo na cadeia. Uma troca justa, a seu ver e no da Justiça. Esse é o trato. Uma pseudopenitência: a Justiça pune, sem exigir exame de consciência, confissão ou expiação da culpa; e o punido "reconcilia-se" com a sociedade,

PARTE DOIS : LIÇÕES

retornando ao seio dela, sem arrependimento nem renúncia aos crimes cometidos.

Desta vez, levado à presença do juiz, havia anos estava preso por estupro — crime sexual cuja futura reincidência não se descartava, de acordo com o exame criminológico a que fora submetido, para avaliar o perigo de ser solto. Chegou ao Fórum consciente de seus direitos, com olhar altivo. Na prisão, sempre teve o bom comportamento que lhe faltava quando solto. À pergunta sobre seus crimes, respondeu: "Já paguei tudo! Tudinho! Não devo mais nada à Justiça!". Fez-se, assim, a conta da pena cumprida, com o abatimento do tempo que ficou preso preventivamente (detração[190]), e por trabalho ou estudo (remição[191]), conforme manda a lei.

Ambos, o condenado e a Justiça, continuaram a ver, por hábito ou por vício — provavelmente pelos dois —, a decisão como uma simples operação matemática, destituída de qualquer natureza moral. Para o condenado, pouco importava se cometer crimes era errado, desde que pagasse por eles; e, não estando embutido qualquer sentimento de culpa no preço a pagar, o pagamento de um crime animava-o a cometer outro. Sem contar que a liberdade e a irresponsabilidade da rua são bem mais atraentes do que as obrigações domésticas e familiares; a fim de escapar dessas últimas, até mesmo um tempinho no xadrez, de quando em quando — com o perdão do trocadilho —, valia a pena. Para a Justiça, pouco importava a probabilidade de o condenado cometer novos crimes, embora a prevenção seja uma das finalidades da pena[192]; e era preciso "girar" a cadeia, liberando vagas para receber outros presos.

---

190 Artigo 42 do Código Penal.
191 Artigo 126 da Lei 7.210/1984.
192 Artigo 59 do Código Penal.

Feitos os cálculos, pois, concluiu-se que o prisioneiro, de fato, fazia jus à liberdade. Estava quite com a Justiça; e, ao sair da prisão, com a vontade na frente, segurando as rédeas, e a moral atrás, na garupa, advertiram-no, com requintado cinismo: "Vai, e de agora em diante não peques mais"[193].

Eclipse

Matou o irmão com uma facada no peito. Ambos eram indivíduos com alcoolismo e dependência de crack. Quando bebiam ou usavam drogas, o arranca-rabo entre eles começava: discussões, brigas, agressões; e como bebiam e se drogavam todos os dias, todo o tempo, viviam às turras. Sem trégua. Para piorar, moravam na mesma casa, com a mãe, sobrevivendo os dois da aposentadoria dela. Às vezes, faziam bico. Um trabalho temporário aqui ou um pequeno serviço ali, não para ajudar nas despesas da casa, e sim para comprar bebidas ou drogas. Também arrumavam confusão na rua e com a vizinhança, que reclamava da conduta social dos irmãos e de seus supostos "amigos": vigaristas, traficantes, prostitutas, além de outros adictos como eles. Os próprios familiares, conhecendo e sabendo disso tudo, temiam o pior. A tragédia era previsível. Diria até iminente. A única dúvida era sobre qual dos irmãos seria a vítima.

No tribunal, o promotor de justiça fez o que lhe incumbia fazer: acusou. Disse que o acusado assassinou o irmão porque acima de tudo era uma péssima pessoa. Vagabundo, não traba-

---

[193] Jo 8,11.

PARTE DOIS : LIÇÕES

lhava, explorando a mãe, cuja parca renda da aposentadoria, conquistada após décadas de árduo trabalho, ia toda para sustentar o seu vício. Nesse parasitismo, expunha a própria mãe e os vizinhos a perigo direto, atraindo para a casa vigaristas e pessoas de má índole. Exemplo nocivo para as crianças, colocava a vida e o futuro delas em risco. Enfim, mau filho, mau vizinho, mau cidadão. Um ser desprezível e incivilizado de quem não poderia se esperar outra coisa...

Não espere outra atitude de um promotor a não ser essa: mostrar o lado ruim do réu, que é, na visão do acusador, o homem por inteiro, como se o lado bom não existisse ou tivesse sido extinto. Quer e precisa que os jurados acreditem nisso, para não arriscar o veredito condenatório:"os jurados querem mais do que provas para condenar: eles querem ter certeza de que a pessoa que estão mandando para a prisão (...), além de malfeitora, é uma criatura do mal"[194].

Ao promotor, só interessa o resultado, o cumprimento da lei, punir o fratricida. Nada mais. O tom acusatório de sua fala muito é impulsionado ou instigado para contrabalançar/neutralizar a do patrono do réu, que "passa pano", inventando uma narrativa falsa para o defender. Como adverte Janet Malcolm: "Se existe alguma profissão (além da de romancista) que se baseia em inventar coisa, é a de advogado de tribunal"[195]; e tal qual na guerra, a primeira vítima é a verdade, assumindo muitas vezes o advogado o papel de mercenário. Assassina a verdade, por dinheiro ou vaidade, a tal ponto que deixa seu cliente mentalmente confortável pelo crime cometido.

---

194 MALCOLM, Janet. *Anatomia de um julgamento*: Ifigênia em Forest Hills. São Paulo: Companhia das Letras, 2012, p. 99.
195 Idem.

Nesse caso, porém, se por um lado o adicto fratricida não era bandido, por outro o vício não o eximia da responsabilidade pelos seus atos. Não sendo bandido nem inimputável, acreditaria no que disse o promotor sobre ser ele uma pessoa má? Sentir-se-ia humilhado e incapaz de enxergar seu lado bom? Não se permitiria crer e querer na própria ressocialização? Concluiria que sua vida era um caminho sem volta, em direção ao abismo: prisão ou morte?

Quando saiu do tribunal, o promotor rezou, rogando para que o acusado não tivesse sua autoimagem abalada pelo que foi dito sobre ele no julgamento. Não guardava, porém, ilusões. Conforme aprendeu Hunter Biden durante seus anos de vício ativo:

> Bêbados e adictos maldosos são pessoas más, bêbados e adictos violentos são pessoas violentas, e bêbados e adictos idiotas começam como pessoas idiotas. [...] Existem coisas embaraçosas, vergonhosas e até mesmo chocantes que todos nós fizemos quando estávamos chapados. No entanto, há uma linha que as boas pessoas não cruzam, não importa quão desesperadas elas estejam: machucar alguém[196].

E do mesmo modo que para um adicto "é impossível ficar bem, não importa qual seja a terapia, a menos que você esteja completamente comprometido"[197], não existe ressocialização se o preso não quiser deveras ressocializar(-se). O suporte dado

---

[196] Robert Hunter Biden é um advogado norte-americano e filho do atual presidente dos Estados Unidos, Joe Biden. *In*: BIDEN, Hunter. *As coisas boas da vida: memórias sobre superação de perdas familiares e minha batalha contra drogas e álcool*. São Paulo: Seoman, 2022, p. 152.

[197] Idem, p. 202.

pelo Estado, pela família, pela pastoral carcerária, ou qualquer outra instituição, é apenas uma parte da equação ressocializadora, cujo ponto de partida e o de chegada é o mesmo: o pleno comprometimento do preso na sua regeneração.

LADRA

Para a lei, furto e roubo são crimes contra o patrimônio. Consistem em subtrair ilicitamente alguma coisa com valor econômico de alguém. A vítima tem sua propriedade tangível diminuída pelo "amigo do alheio". Mas e o tempo, que não se pode tocar ou apalpar? Por ser incorpóreo, embora irrestituível e muito mais precioso do que qualquer bem material, não pode ser roubado?

Investigado e processado, o réu estava por volta de um ano preso quando o promotor de justiça pediu o arquivamento do processo. Suspeita de que o acusado tivesse cometido o assassinato havia, mas as provas eram insuficientes e precárias. O defensor, obviamente, concordou com o promotor de justiça. Só que o juiz, não. Divergindo de ambos, concluiu que existia indício de que o réu pudesse ser o assassino; e o mandou a júri popular, não sem antes manter sua prisão, pois tratava-se de crime definido pela lei como hediondo. A defesa recorreu da decisão, no que anuiu o promotor de justiça, pela improcedência da acusação por falta de provas.

O processo subiu para a superior instância, onde debruçariam sobre ele três experimentados desembargadores e um procurador de justiça. Tenham estudado com empenho ou não o processo, mantiveram, por unanimidade, a decisão do juiz, que submeteu o réu a julgamento pelo tribunal do júri, bem como a prisão decretada. Inconformado, o defensor impetrou *habeas corpus* pedindo que o réu fosse solto; não tendo êxito, restou-lhe aguardar preso a data do julgamento, que se tardava ainda mais devido à pandemia de covid-19.

Após isso tudo, quatro anos e oito meses haviam-se passado quando da realização do julgamento. E a acusação coube ao mesmo promotor de justiça que anos antes pedira o arquivamento do processo. Surpreendido, perguntou-se: "Será que errei? Precipitei-me ao pedir lá atrás, prematuramente, o arquivamento do processo?". Assim, na sessão de julgamento, fez questão de ouvir todas as testemunhas novamente, para responder à pergunta que fazia a si próprio. E não tinha, *de facto*, errado. Dizendo aos jurados que, ao pedir a absolvição do réu, era ele, o promotor de justiça, quem estava sendo julgado, pois como advogado da sociedade competia-lhe demonstrar que não negligenciava sua proteção, passou a explicar as razões de seu convencimento pela falta de provas.

Absolvido, o réu foi ter com o promotor de justiça, estendendo-lhe a mão para agradecê-lo. Vindo à mente o longo tempo de prisão desnecessária, o promotor de justiça apertou a mão dele, pouco à vontade — quiçá constrangido ou envergonhado —, sob os auspícios da Justiça.

Borracha

Morreu um policial! Estava à paisana, provavelmente de folga. Não importa. Morreu um policial militar! Assassinado a tiros por um bandido! A hora da vingança não tardou. A retaliação da corporação foi imediata e impossível de aplacar. Nessa situação, não se preocupam com ocasionais testemunhas da vindita. O importante é dar o recado: "Quem matar policial vai pagar um preço alto!".

Os suspeitos e seus supostos cúmplices, comparsas, "parças" etc. foram caçados e eliminados, numa matança desenfreada e em série. Na ausência eventual de suspeitos, todo mundo era suspeito. Quem tinha antecedentes criminais e morava na quebrada entrou na linha de tiro. A cada morte, a versão oficial pouco variava: "morreu em confronto"; "atirou contra os policiais enquanto fugia"; "houve troca de tiros"; "efetuou disparos na direção dos policiais antes da abordagem". Drogas e armas de fogo encontradas com os mortos provavam, na visão dos policiais, que ninguém morreu inocente. Em contrapartida, as testemunhas, geralmente familiares das vítimas, contestavam essa versão, denunciando a prática de execuções sumárias, torturas e intimidações.

A violência como resposta à violência, baseada na *lex talionis* (lei de talião: "olho por olho, dente por dente"), está latente — passível de vir à tona à menor provocação — em grupos e organizações que dela fazem uso na consecução de seus objetivos e ideais, para o bem ou para o mal: polícia, agências de segurança, milícias, bandos ou quadrilhas armadas, entre outras. Por isso, a necessidade de controle externo, que, no caso da atividade policial, é responsabilidade do membro do Ministério Público: o promotor de justiça. A polícia controla os criminosos, e o Ministério Público controla a polícia. Pelo menos, deveria ser assim.

No exercício desse controle, pois, cabia ao promotor investigar o excesso policial; mas só o faria se as perícias indicassem cabalmente a prática de extermínio e/ou os policiais envolvidos possuíssem fichas funcionais comprometedoras, expondo históricos com abusos e outras mortes a eles atribuídas.

Agiria assim não mais que por dever de ofício, concedendo o promotor, por ossos do mesmo ofício (*v.g.* processar criminosos para proteger os cidadãos, tornando o mundo mais seguro), o benefício da dúvida aos policiais, até porque morto não fala. E, num cenário de muitos policiais, muitas vítimas, muitas armas de fogo, muitos tiros, nem sempre é possível desvendar quem matou quem; apurar que a morte dessa ou daquela vítima foi produzida pelo projétil tal, que saiu da arma de fogo X, disparada pelo policial Y. Isso chama-se individualizar a conduta; apontar o que cada um fez.

A prova do excesso dependeria de uma avaliação crítica, criteriosa e pormenorizada de cada perícia — via de regra inexistente, em sua totalidade: exame do local onde ocorreram os supostos confrontos (se não retirados os corpos da cena dos crimes, com o pretexto de prestar socorro às vítimas mortas, o que não raro acontece); necropsias (exames dos cadáveres); balística (movimento dos projéteis); reprodução simulada das mortes, para verificar a possibilidade de haverem ocorrido de certo modo; deslocamentos e comunicações entre as viaturas policiais envolvidas na ocorrência etc. Isso tudo exigiria tempo e atenção. Muita atenção, por longo tempo — se e quando possível —, para demonstrar que determinado policial extrapolou, não agindo no *estrito* cumprimento do dever legal.

Sem meias-palavras, via o promotor na liquidação de criminosos um efeito prático: eliminar fontes efetivas ou potenciais de perigo. Pensa: "O cara passa a vida inteira desrespeitando a lei, não se importando e atormentando seus semelhantes. Agora, depois de morto, quer que a lei fique do lado dele?". Promotor tem família. Mais do que qualquer outra pessoa, reconhece a importância da polícia e das leis para protegê-la. E bandido deveria saber que a mesma polícia e as mesmas leis protegem a família dele também.

Enfim, desprezadas as complexidades e as minúcias, onde reside o crime — uma frase num depoimento pode conter todo o processo; um detalhe numa perícia pode comprovar ou afastar o delito —, o promotor enxergou mortos sem alma, sendo que a força na investigação de homicídios, tal qual nos obituários, "está em mostrar a extrema singularidade de cada existência"[198].

Apagada essa singularidade, o custo moral do derramamento de sangue inocente, em meio ao dos culpados, não foi contabilizado; e, na dessemelhança dos assassinatos seletivos e arbitrários "da tradição de nosso Santo Ofício policial"[199], o obituário, ops, o inquérito, arrastou-se até a Justiça se render.

Profilaxia

Mal acordou, o promotor de justiça leu a seguinte notícia no jornal: "Sete bandidos morrem em confronto com a polícia"; e isso foi suficiente para, num átimo, prever o que sucederia; profetizou todo o roteiro e o desenrolar do acontecimento.

---

198 Matinas Suzuki Jr. citando Jim Nicholson (repórter policial que se tornou célebre redator de obituários) no posfácio "A pauta de Deus" (SUZUKI JR., Matinas (org.). *O livro das vidas: obituários do New York Times*. São Paulo: Companhia das Letras, 2008, p. 298).

199 Denominação irônica de Lima Barreto à polícia. BARRETO, Lima. Da minha cela. _____. *Diário do hospício; O cemitério dos vivos*. São Paulo: Companhia das Letras, 2017, p. 228.

Receberia o boletim de ocorrência e o inquérito registrados como "mortes decorrentes de intervenção policial" — terminologia que substituíra os renegados termos "resistência à prisão seguida de morte" ou "auto de resistência", mas sem troca do conteúdo, que continuou o de sempre: os policiais diriam que houve uma troca de tiros; puxaram o gatilho para se defender; revidaram os tiros desferidos pelos bandidos contra eles. Os bandidos, portanto, morreram porque resistiram à prisão, em meio a um tiroteio; e "quem dá tiro para matar, recebe tiro para morrer". Por outro lado, os laudos periciais contariam, a princípio, uma história diferente, descrevendo alguns tiros à curta distância, pelas costas, e na cabeça das vítimas.

Noticiada a operação policial como uma chacina, um massacre — repercutindo amplamente na imprensa —, a investigação não teria o habitual destino em casos de mortes cometidas por policiais: o arquivo. Seriam processados, mesmo sabendo que imperava a versão dos fatos dada pelos policiais, porque a única documentada; não havia outra.

No julgamento, o pensamento binário, pela simplicidade, se revelaria mais atraente e persuasivo: é uma guerra entre dois grupos (polícia x bandido), que constituem mundos separados e opostos — um representando a ordem estabelecida e o outro a insurreição, a rebelião, o tumulto; e nesse confronto dos que buscam a segurança pública (os policiais) contra um exército de Barrabás revoltosos (os bandidos), não adianta autointitulados porta-vozes dos fracos e oprimidos despejarem indignação ou espernearem contra a violência policial, chamando os policiais de "bandidos fardados" pelo mau uso da força. Tentativa fútil de desqualificá-los perante civis que se submetem dia e noite a todo tipo de violência, sem ter para

PARTE DOIS : LIÇÕES

onde recorrer. Abandonada à própria sorte, a população sabe que a violência empregada pelo bandido é aleatória e *indiscriminada*; suas vítimas são pessoas inocentes escolhidas ao acaso, podendo qualquer um ser alvo dela — as vítimas civis indefesas sou eu, são vocês, são eles, somos todos nós. Diversamente, a violência empregada pelo policial é *seletiva* e direcionada a um alvo específico; faz distinção da pessoa, em meio a outras, que pretende atingir, atirando só nela; não atira em qualquer um; atira em suspeito de crime; a preocupação nas operações policiais consiste apenas em localizar o alvo, o suspeito do crime; e "suspeita é suspeita. Equivale a uma prova"[200] — culpa presumida do alvo policial que se torna absolutamente certa quando se encontram com ele armas e drogas. Nessa guerra, o policial pensa: "não posso ter feito mal, pois se tivesse feito mal sentiria remorsos"[201]; e, sem remorsos, tal como "um soldado, no campo de batalha, não se considera um homicida"[202]: seus crimes têm em vista o bem comum — tão somente age no cumprimento do dever para vivermos num mundo mais seguro. Limpa as ruas para nós, varrendo elementos indesejáveis e nocivos à sociedade. Há quem diga, com jocosa sinceridade: "Os policiais são culpados, sim! Pelas balas desperdiçadas, que erraram o alvo!".

Mas e se houver um ou mais inocentes entre os suspeitos? E se, porventura, existirem mais inocentes que culpados, os destruirão também? Exterminarão o inocente com o culpado? Faxina tem dessas coisas, às vezes joga-se com o lixo algo útil

---

200 WASSERMANN, Jakob. *O processo Maurizius*. Campinas: Sétimo Selo, 2021, p. 221.
201 Tenente Calley em depoimento a John Sack, em *Vietname: a chacina de Mylai* (Lisboa: Editorial Minerva, 1972, p. 12).
202 BERNANOS, Georges. *Diário de um pároco de aldeia*. Campinas: Sétimo Selo, 2021, p. 62.

e de valor. De qualquer modo, "os que morreram eram na maioria culpados e os poucos inocentes sacrificados tinham sido mártires de uma boa causa"[203]; e a morte de inocentes com os culpados, considerada um efeito colateral — indesejável, mas inevitável — entraria, como sói ocorrer, na categoria dos crimes socialmente consentidos.

Miragem

Imagine uma acusação fadada ao insucesso. Uma causa perdida. Diria até temerária, diante da provável absolvição da ré. Era exatamente um caso desses que o promotor de justiça tinha em mãos. Não vislumbrava como, nem meios, de demonstrar que ela, a ré, havia mandado matar o próprio marido — vinte anos mais velho e com quem estava casada havia pouco mais de um ano. Por mais que garimpasse o processo em busca de depoimentos ou documentos incriminatórios, não os encontrava. Um único sequer. Além disso, a ré, que ia nos 50 anos, tinha quatro filhas já adultas, gozava fama de boa mãe, era trabalhadora, cuidava de uma criança com deficiência e nunca tinha sido presa ou processada antes.

Mas a lógica das provas e a dinâmica dos fatos indicavam que não existia possibilidade de o assassinato ter sido praticado sem que a ré tivesse organizado ou dirigido a atividade dos executores: um latrocínio (roubo seguido de morte) mal simulado, em que seu marido foi executado com dois tiros, mas nenhum bem de valor fora subtraído. Por essa razão, o

---

[203] FONSECA, Rubem. Nau Catrineta. _____. *Feliz ano novo*. 2. ed. São Paulo: Companhia das Letras, 1989, p. 129.

promotor de justiça estava convencido da culpa dela: "uma boa exposição das presunções era para o criminalista o que é, para o astrônomo, o cálculo exato da trajetória de um cometa"[204]; e "em nosso sistema judicial contemporâneo é o júri que toma a decisão, e provas circunstanciais são aceitas como provas de um crime capital"[205]. De mais a mais, a ausência de provas concretas, contundentes, cabais, da participação da ré no homicídio de seu esposo não invalidava o ponto de vista do promotor de justiça; entendia a arte de acusar como uma arte mesmo, esnobando: "arte não se explica, não se compreende. Sente-se"[206]; ele sentiu; e com base no seu sentir, gênese da palavra sentença — do latim *sententia* ou *sentire* —, a ré foi sentenciada: vinte e um anos de prisão.

Quando foi anunciado o resultado do julgamento, na plateia, formada por familiares e amigos da ré, eram só gritos de desespero, prantos convulsivos, agonia exasperada, sofrimento e dor; e, na tribuna, o jovem promotor de justiça era só orgulho, inflamado pela consciência do poder de decidir a sorte alheia; interferir no destino das pessoas. Aos próprios olhos, sua importância era inequívoca. Todo mérito pelo resultado a si atribuído era pouco. Tanto é que sempre perguntava aos colegas, promotores de justiça como ele, se haviam "ganhado" ou "perdido" o júri, como se o resultado do veredito dependesse da performance de cada um, e não da prova dos autos ou de outras circunstâncias. Orgulhava-se do seu conhecimento das leis, embora lhe faltasse o conhecimento dos homens ("não

---

204 WASSERMANN, Jacob. *O processo Maurizius*. Campinas: Sétimo Selo, 2001, p. 39.
205 BELKIN, Samuel. *A filosofia do Talmud*. São Paulo: Sêfer, 2003, p. 37.
206 CARVALHO, Marcelino de. *Snobérrimo*. São Paulo: Nacional, 1966, p. 38.

lê a natureza", diria Lima Barreto[207]). Os processos criminais resumiam-se a casos, sendo os acusados acessórios. Via em si qualidades que, para ele, sempre faltavam nos outros; e enxergava nos outros defeitos que julgava ausentes em si. À semelhança de muitos de seus pares, encarava as críticas como uma ofensa pessoal; caso confrontado, sentia como se estivessem invadindo o seu espaço. Um espaço que era só dele. Salvo uma única vez, em que a própria vítima se retratou, protestando pela absolvição de quem teria atentado contra sua vida, não se lembrava "de ter perdido uma só causa" — tal qual o "imodesto" advogado Freitas, personagem machadiano cujas palavras bem poderiam ter saído da boca do jovem promotor, lendo-se *vítima* onde está escrito *constituinte*: "[...] Isto é, já perdi uma, mas é porque nas vésperas de ganhar disse-me o constituinte que desejava perdê-la. Dito e feito. Provei o contrário do que já tinha provado, e perdi... ou antes, ganhei, porque perder assim é ganhar"[208].

A bem da verdade, em uma ou outra ocasião, réus também foram inocentados, a despeito de seu pedido pela condenação; e é imperioso admitir que o promotor de justiça sofreu muito. Durante dias, buscava uma explicação "externa" ao seu desempenho para o veredito absolutório (ausência de alguma testemunha importante, laudos criminais malfeitos, tratamento excessivamente cortês e indulgente do juiz dispensado ao acusado etc.), mas, no íntimo, sentia-se responsável pelo

---

207 BARRETO, Lima. *Diário do Hospício; O cemitério dos vivos*. São Paulo: Companhia das Letras, 2017, p. 37.

208 O adjetivo "imodesto" atribuído a Freitas, personagem do conto "A mulher de preto", de Machado de Assis, é de Miguel Matos, de cuja obra também retiramos a citação que se lhe seguiu. MATOS, Miguel. Código de Machado de Assis. São Paulo: Migalhas, 2021, pp. 428-9.

revés, descambando tal explicação para uma única pergunta: "Onde errei?". Experimentava uma sensação parecida à de um médico que se culpa pela morte de um paciente na mesa de cirurgia. A mesma ilusão de que podia controlar o destino do julgamento, deixando-o envaidecido quando provava a culpa de um acusado, levava-o, nessas horas adversas, quase à depressão; e, com tal grau elevado de paixão e compromisso pelo trabalho, não havia dúvida de que se alguém tivesse algum familiar ou amigo assassinado — Deus nos livre — gostaria de vê-lo encarregado da acusação. Como se diz, "os números não mentem"; e os números depunham sobre ele, para o bem e para o mal.

Deveras, sua competência e sucesso eram medidos em números, que representavam a quantidade de pessoas presas, acusadas e condenadas. Registrados e divulgados, quanto mais números, mais bem-sucedido considerava-se seu desempenho. Esse era o critério de avaliação: estatístico; e como números elevados sinalizavam o êxito de seu trabalho, tinha uma sede insaciável por réus, colecionando-os. À custa deles se promovia, e, sejamos justos, também a instituição a que pertencia, o Ministério Público — a propósito, os advogados que conhecia não deixavam por menos: botavam pouco ovo e cacarejavam muito. Nos processos em que se metiam, punham na própria conta, exaltando a si mesmos, todos os acusados soltos ou absolvidos; se verdadeiramente culpados, os acusados livres eram contabilizados em dobro; confessos que saíam impunes, então, valiam mais do que dez inocentes. E disso os advogados se vangloriavam e faziam propaganda, dando ampla divulgação à respectiva coleção de réus libertados. Decerto, desconheciam ou desdenhavam a experiência que serve de lição e exemplo do eminente criminalista Evaristo de Moraes (1871-1939), para quem determinadas absolvições "nascem da má feitura dos processos, da péssima organização da Polícia, da carência de métodos científicos na pesquisação judiciária de um conjunto de circunstâncias de que a advocacia é alheia"[209].

Com o aumento da fama, o promotor de justiça começou a dar aulas, cursos, palestras e a participar de eventos, até chegar um momento em que ficava mais fora do que dentro dos tribunais, para dar conta dos numerosos compromissos. Apercebeu-se, então, da venalidade de seus feitos, convicto "de que estava fadado para grandes destinos"[210]. Achando que suas conquistas se achavam aquém da sua capacidade, a carreira não tinha "mais graça a seus olhos, porque viu nela algo de inconveniente"[211]: grilhões que o impossibilitavam de alçar voos mais altos. Merecia mais do que o destino lhe reservara até aquele momento; e, com o ânimo atiçado pelas colinas distantes que lhe pareceriam mais verdejantes[212], desfrutava do legado que a vida forense lhe proporcionava, sentindo, tal qual Rubião, "que não era inteiramente feliz; mas sentia também que não estava longe a felicidade completa"[213]. Assim, "cumpria-lhe ser duro e implacável, era poderoso e

---

209 MORAES, Evaristo de. *Reminiscências de um rábula criminalista*. Rio de Janeiro: Briguiet, 1989, p. 238.

210 Atributo da personagem Luís Tinoco do conto "Aurora sem dia" (ASSIS, Machado de. Aurora sem dia. GUIMARÃES, Hélio de Seixas (ed.). *Histórias da meia-noite*. São Paulo: Martins Fontes, 2007, p. 141).

211 Dt 24,1-4.

212 BUNIM, Irving M. *A ética do Sinai: ensinamentos dos sábios do Talmud*. São Paulo: Sêfer, 2001, p. 231.

213 ASSIS, Machado de. *Quincas Borba*. 5. ed. Rio de Janeiro: Record, 2007, p. 13. A personagem Rubião recebe uma herança com o encargo de cuidar do cão do falecido, cujo nome dá o título ao romance.

forte. E levantando-se de golpe, alvoroçado, ergueu os braços exclamando: — Ao vencedor, as batatas!"[214].

Não tardou a flertar com políticos, fartando-se "antemão do banquete da vida"[215]. Destemido e arrojado, só tinha medo de uma coisa, deixar-se "apodrecer na obscuridade, que é a mais fria das sepulturas"[216]. Convites para que abraçasse a carreira política vinham com promessas de nomeação para cargos de alto escalão. Ainda no exercício de suas funções de promotor de justiça, via-se candidato a deputado federal ou senador da República ou à frente de um ministério. Esquecido de "que o orgulho pode conduzir aos piores pecados, inclusive ao adultério[...]"[217], dali a pouco estava namorando, sem atinar para a infidelidade na qual incorria. Queria levar, como se diz no jargão corrente, "vida de casado com liberdade de solteiro". Aí não dava.

Depois da infidelidade veio o divórcio. Casou-se e se separou de novo. Não podendo retomar o antigo cargo — melhor dizendo, cônjuge —, "ia entrando nessa categoria melancólica, em que todos os sonhos nupciais se evaporam com o tempo"[218], a de "solteirões na política"; e não se sabe quantos laços matrimoniais ainda serão desfeitos pela incompreensão de que a autoridade e o uso do poder conferidos pelo Estado, "além de iludir, dando azo à vaidade, mortifica"[219].

---

214 Idem, p. 35
215 Idem, p. 13.
216 Expressão retirada do livro *Iaiá Garcia*, de Machado de Assis (Rio de Janeiro: Garnier, 2005, p. 85).
217 WEITMAN, Rabino David Y. *A arte de ser mais gente: aperfeiçoando nosso caráter*. São Paulo: Maayanot. 2009, p. 148.
218 ASSIS, Machado de. *Quincas Borba*. 5. ed. Rio de Janeiro: Record, 2007, p. 93.
219 BUNIM, Irving M. *A ética do Sinai: ensinamentos dos sábios do Talmud*. São Paulo: Sêfer, 2001, p. 24.

P.S. Por fim, não escapará à sorte de todos os homens: *servir de alimentos aos vermes*[220]. Mas talvez o percurso até esse inevitável destino fique menos árido, observando-se esse breve ensinamento de Irving M. Bunim sobre humildade:

> Um menino sonha com uma bicicleta. Este é seu maior anseio. Quando a consegue, delira de alegria e anda sempre nela, dia após dia. Após algum tempo, vê outra coisa e esquece da bicicleta num piscar de olhos, até abandoná-la por completo. Agora precisa de uma caneta esferográfica. Esta é, *hoje*, a paixão da sua vida. Se a tivesse, poderia ser o menino mais feliz do mundo. E logo após recebê-la, perde seu interesse nela. Sua atenção foi cativada por um relógio, e depois será por outra coisa.
>
> Nossa vida adulta é diferente? As ambições nos abraçam e procuramos lograr nossos objetivos com intensidade demoníaca. E quando conseguimos, certamente seguir-se-á uma desilusão. Por algum motivo, o que obtivemos não tem tanto significado (agora que o temos). Não traz a felicidade do paraíso nem resolve algum problema mais profundo.
>
> Os sonhos da infância, os anseios da juventude, as ambições de antanho — as esperanças de todo nosso passado — não nos conduzem à realização interior. Inevitavelmente, a expectativa supera a realidade.
>
> Então, se todas as nossas esperanças acabam nos trazendo desilusão e desapontamento, por que sermos tão orgulhosos, tão ocupados com a própria ambição e importância?[221]

---

220 Ética dos Pais 4,4.
221 Idem, p. 215.

PARTE DOIS : LIÇÕES

Simulacro

"Há um velho ditado: a familiaridade gera desrespeito"[222]. Familiaridade significa qualidade do que é familiar; e familiar diz respeito à família. Nessa "comunidade em miniatura"[223], que é a família, portanto, entre os que vivem na mesma casa, onde sempre dizemos algo injusto ou agimos de modo impróprio com alguém muito próximo, a falta de respeito pode brotar e crescer rapidamente como erva daninha. Se não controlada, torna-se uma praga doméstica de xingamentos, insultos, ameaças e agressões; e tal desrespeito, nas mais variadas e infinitas formas exprimíveis no ambiente familiar, virou crime. Sendo crime, há processo contra o agressor; processo que, tendo ocorrido violência física contra a mulher, tem início e só termina com o julgamento do agressor, quer ela (a ofendida) queira ou não. A vontade dela não conta. E foi isso o que aconteceu.

Moravam juntos há oito anos e tinham duas filhas, uma com 9 anos e outra com um ano e meio de idade. Brigas, discussões e xingamentos eram recorrentes, até que um dia ela resolveu procurar a delegacia de polícia, onde disse que, no dia anterior, esteve a tarde inteira bebendo com seu companheiro na casa de amigos; e, assim que chegaram em casa, ele teve uma crise de ciúme. Começou a xingá-la de piranha, vagabunda e biscate; falou que ela havia se insinuado a um rapaz na furupa donde vinham; e que se a visse conversando com qualquer macho a mataria. Ela retrucou, chamando-o de

---

222 Idem, p. 252.
223 BELKIN, Samuel. *A filosofia do Talmud*. São Paulo: Sêfer, 2003, p. 164.

chifrudo. Foi demais para ele. Era o ingrediente que faltava, para uma combinação explosiva: embriaguez, ciúme exacerbado e humilhação masculina de ser chamado de corno pela própria companheira. Prorrompeu assim em desferir pontapés, chutes e socos na companheira. Ele só parou a agressão ao ouvir o choro estridente da bebê e diante do insistente pedido da filha mais velha, que ficara em casa cuidando da irmã, implorando para que não batesse mais na sua mãe.

Registrada a ocorrência, ele foi afastado do lar, proibido de se aproximar dela e processado por ameaça, injúria e lesão corporal praticadas contra a ex-companheira. A vida seguiu. Ele mudou-se, arrumou outra mulher, com quem teve um filho, constituindo nova família. Ela também arranjou outro companheiro e entrou em acordo com o "ex" quanto à pensão alimentícia para as filhas.

Decorridos mais de três anos, aconteceu a audiência do processo a que ele respondia por ter insultado, ameaçado e agredido a ex-companheira. Ela, como vítima, foi ouvida primeiro, e foi logo dizendo: "Quero retirar a queixa! Não quero continuar com o processo! Não tenho interesse!". O juiz explicou que isso era impossível. O processo tinha que continuar. É a lei[224]. Ela, então, declarou: "Naquele dia, eu estava muito nervosa e também bati nele. Não aconteceu nada do que estão acusando ele". Confrontada com fotos da própria mostrando os hematomas decorrentes da agressão, afirmou: "A culpa foi minha. E o machucado na cabeça foi porque caí no chão nesse

---

224 A vítima não pode retirar o que disse sobre a lesão corporal sofrida em situação de violência doméstica ou familiar, e a lei não lhe assegura o direito de permanecer em silêncio; mas o silêncio da mulher ofendida tem sido aceito. Quando ela manifesta seu desejo de não dar seguimento ao processo, e o juiz explica ser impossível retirar a denúncia, ela diz que não responderá a nenhuma pergunta, calando-se. Isso ocorre com frequência.

momento". Fincava o pé a vítima nessa versão — contrária ao que dissera antes —, por mais que ela fosse advertida sobre a incoerência entre sua declaração na delegacia de polícia e a atual, e por mais que as lesões exibidas nas fotos fossem incompatíveis com uma queda ou qualquer outro acidente. Parecia que a vítima ofendida estava quase a ponto de dizer: "Não se pode mais apanhar em paz!".

"Para tudo há uma época"[225], conforme ensina o livro de Eclesiastes[226]:

> [...] um tempo para destruir e um tempo para construir[227]. Um tempo para chorar e um tempo para rir[228] [...] um tempo para manter silêncio e um tempo para falar[229]. Um tempo para amar e um tempo para odiar; um tempo de guerra e um tempo de paz[230].

Há, do mesmo modo, o tempo do crime e um tempo do castigo. Passado o tempo do castigo, o promotor de justiça fingiu que acreditou no desmentido da vítima ofendida, pedindo a absolvição do agressor, o ex-companheiro dela; e o juiz fingiu não haver prova das agressões, absolvendo-o.

---

225 Ecl 3,1.
226 Eclesiastes ou Qohélet é um dos livros sapienciais do Antigo Testamento, e sua controversa autoria é atribuída por tradição ao "mais sábio de todos os homens", o rei Salomão.
227 Ecl 3,3.
228 Ecl 3,4.
229 Ecl 3,7.
230 Ecl 3,8.

E assim a Justiça não só permite que as pessoas mintam como também as tornam mentirosas[231], promovendo a falsidade que deveria coibir e da qual todos nós deveríamos nos afastar[232].

Encruzilhada

Na audiência, o promotor de justiça disse não existirem provas para condenar o acusado, que estava preso há seis meses por tráfico de drogas, porque era notória a adicção (dependência) dele, e os entorpecentes haviam sido encontrados num mocó (moradia que funciona como esconderijo) frequentado por muitos adictos. Pedida a absolvição, no mesmo instante o acusado começou a chorar e gritar várias vezes: "mãe, mãe, eu fui absolvido!". Para o promotor de justiça era só mais uma audiência, das cinco ou seis que teria naquela tarde: os réus "hoje são estes, amanhã, outros. No final, dir-se-ia serem sempre os mesmos"[233]; para o acusado, era o destino de toda uma vida em juízo — a coisa mais importante do mundo.

No dia seguinte, a situação se repetiria. E no outro dia também. Até o fim da semana, pois o promotor de justiça participava de um mutirão. Juízes, promotores de justiça, defensores públicos e servidores tinham sido recrutados, mediante pagamento de diárias pelo deslocamento e gozo futuro de folga em dobro (dois dias de abono por cada dia de mutirão),

---

231 Sobre "Não faça as pessoas mentirem para você", cf. TELUSHKIN, Rabino Joseph. *O livro dos valores judaicos: um guia diário para uma vida ética*. São Paulo: Virgiliae, 2015, p. 160.
232 "De palavras de falsidade te afastarás" (Ex 23,7).
233 WASSERMANN, Jakob. *Etzel Andergast*. Campinas: Sétimo Selo, 2021, p. 52.

para tomar parte nesse trabalho coletivo: instruir e julgar o maior número de processos, no menor tempo possível. Ah! E como o promotor de justiça gostava de mutirões! A fuga da rotina! O reencontro com colegas! Louvava esse esforço concentrado para reduzir o acúmulo de processos pendentes de julgamento: a Justiça ágil e eficaz a serviço do cidadão! E ainda era gratificado por isso! Mostrava-se, enfim, um entusiasta dos mutirões.

Quando o entusiasmo do promotor estava no auge, na pauta de um dos mutirões foi incluído o processo criminal contra o acusado de matar o sogro dele, promotor, que fora brutalmente assassinado dentro da própria casa. Sentia-se, enfim, aliviado, depois de anos à espera do julgamento. Não mais teria a impressão de que era censurado e cobrado por alguns parentes de sua esposa, pois para eles, o genro da vítima, sendo promotor de justiça, deveria se valer do cargo, para interferir, "mexer os pauzinhos", como se diz no jargão popular, não só quanto a assegurar a realização do julgamento, mas também a condenação do réu. Pessoas simples, viam legítima essa intromissão: uma obrigação moral para satisfazer uma justa causa (punir um assassino), não existindo, nesse caso, separação entre interesse público e privado, e sim fusão. Desconheciam, assim — tal qual a maioria da população —, tanto a lei como o conceito de advocacia administrativa[234].

Chegado o dia do mutirão, a azáfama com a qual se deparou não o surpreendeu. Nada mais natural, diante de dezenas de julgamentos ocorrendo ao mesmo tempo. Estava

---

234 Artigo 321 do Código Penal. Patrocinar, direta ou indiretamente, interesse privado perante a administração pública, valendo-se da qualidade de funcionário público: Pena — detenção, de 1 (um) a 3 (três) meses, ou multa. Parágrafo único. Se o interesse é ilegítimo: Pena — detenção, de 3 (três) meses a 1 (um) ano, além da multa.

acostumado a isso. Mas, conhecendo o prédio do Fórum, o promotor entusiasta perguntava-se onde toda aquela gente (centenas de pessoas) seria acomodada. Logo depois, tomou conhecimento de que o juiz designado para presidir o ansiado julgamento estava há anos afastado da área criminal. Aceitara tomar parte do mutirão em atenção ao pedido de colegas e da cúpula do Poder Judiciário, na falta de outros juízes. No tocante ao promotor de justiça que atuaria no caso — seu colega —, havia atuado em júris na véspera e na antevéspera, de manhã e de tarde; e atuaria em outros dois julgamentos no dia seguinte. Quando perguntavam ao referido promotor, incumbido da acusação, como conseguia estudar, ou ao menos ler, os processos, e se não embaralhava os casos, ele respondia, esquivando-se: "Não me façam perguntas difíceis". Nem o entusiasta de mutirões, veterano e tarimbado, era capaz de responder a essas perguntas. Para piorar, o entusiasta antevia, por experiência própria, que as adversidades não parariam por aí.

Foram direcionados ao local do julgamento: uma sala com cerca de 40 metros quadrados, onde ficariam o juiz, o promotor de justiça, os advogados de defesa, o réu, o oficial de justiça, o escrevente, os guardas da escolta policial, sete jurados e, no momento oportuno, a testemunha. No mesmo recinto, uma longarina de três ou quatro lugares havia sido colocada à disposição para familiares da vítima e do réu. As testemunhas que eventualmente comparecessem deveriam aguardar no corredor do fórum, com os familiares das vítimas e dos réus dos julgamentos em curso — tudo junto e misturado.

À vista disso, a filha da vítima — esposa do entusiasta — parou na soleira da porta da sala onde o assassino de seu pai

PARTE DOIS : LIÇÕES

seria julgado e indagou ao promotor de justiça do caso: "o julgamento será aqui?". A incredulidade e a indignação dela estavam implícitas na pergunta, e o promotor de justiça responsável pelo caso percebeu isso. Então, constrangido e até envergonhado, pediu para que o julgamento fosse adiado. Retirado de pauta, o processo voltou para o escaninho da Justiça.

Naquela noite, ele teve insônia, não o promotor de justiça responsável pela acusação, que pediu o adiamento do júri, mas sim, o genro da vítima, o promotor de justiça entusiasta dos mutirões que, pela primeira vez, estava do outro lado do balcão, por assim dizer. Divisava uma encruzilhada, onde duas alternativas se ofereciam. Uma: deixar como está, ou seja, o réu solto, mas "no gancho", como se diz, com uma acusação de assassinato pendendo indefinidamente sobre a cabeça dele. Além do estigma de provável homicida, impedindo sua plena aceitação social, o acusado poderia ser preso por qualquer confusão em que se envolvesse, falta ou passo em falso (por exemplo, dirigir bêbado, agredir a mulher, ameaçar alguém). Estando no limbo, uma vida com restrições e aflição de espírito o esperava — se bem que é comum pessoas como o réu perderem a vergonha. A segunda opção era incluir o processo em outro mutirão, com o sério risco de o cenário anterior se repetir; e reprisadas as vicissitudes e as circunstâncias do mutirão passado, o desfecho do julgamento seria imprevisível — uma loteria, em que a preocupação primordial continuaria a ser despachar processos. Mandá-los embora, destinando-os, preferencialmente, ao arquivo.

Diante desse dilema, de nada serviram ao entusiasta a experiência e a maturidade adquiridas com os anos e a idade. Havendo duas saídas igualmente insatisfatórias, ele permanece indeciso; e não se sabe que desfecho teve o processo. O que se sabe com certeza é que o entusiasta nunca mais alistou-se como voluntário em mutirões, passando o mais longe possível deles.

Vizinho

"O homem, o homem cuja esposa se desviou"[235] e lhe foi infiel, sempre olhava para o outro lado, residindo num lar onde a imoralidade reinava; e, depois de mais de vinte anos de casados e infidelidades da parte dela, separaram-se. Ao longo do convívio, a então esposa formou-se em enfermagem, conseguiu um emprego público e montou uma farmácia. O marido, de garçom passou a gerente, tornando-se o funcionário mais antigo de um conhecido restaurante. Construíram assim um patrimônio que lhes permitia uma vida sem luxo, mas também sem privações. Uma vida digna. Tiveram também um único filho, que cursava a universidade no momento da separação.

Separada, a mulher deu vazão a relacionamentos amorosos com mais frequência e simultâneos, até que se envolveu com um ex-presidiário — traficante de drogas e assaltante. Passaram a namorar. Contratou-o para segurança da sua farmácia. Na verdade, uma simulação para que seu novo companheiro pudesse obter uma carteira de trabalho assinada e somente pernoitar na cadeia, tendo o dia livre para praticar

---

[235] Bamidbar 15,14, conforme citado por Rabino Moshe Meir Weiss em *Uma vida com inspiração* (São Paulo: Associação Beneficente e Cultural Makom, 2014, p. 184).

crimes. *Pari passu*, seus gastos também aumentaram. Parte da divisão dos bens e do dinheiro que cabiam ao seu ex-marido foi usada por ela para pagar procedimentos estéticos e cirurgias plásticas. Comprou roupas e um carro novo. Contraiu dívidas, ficando meses sem pagar o cartão de crédito. Até que o dinheiro começou a faltar...

Não se sabe quem teve a ideia primeiro. O que se sabe é que ela, com o namorado versado na prática de crimes, tramou a morte do ex-marido. Para isso, induziu e aliciou o próprio filho no planejamento do assassinato: "Matemo-lo e apoderemo-nos da sua herança"[236]. Com a morte do pai, o filho herdaria o dinheiro oriundo do seguro de vida, das verbas trabalhistas e do fundo de garantia por tempo de serviço (FGTS), além de outros bens. Armaram uma emboscada. Ela e o filho sabiam que seu ex-marido e pai, respectivamente, estava alugando um imóvel. Fingiram, então, a existência de um interessado. Marcaram dia e hora; "fizeram uma casinha", como se diz na gíria da malandragem. Competiu ao filho ligar para o pai, de quem gozava confiança, atraindo-o ao local, onde o namorado de sua mãe o aguardava para executá-lo; e assim se fez: a vítima, surpreendida — sem sequer suspeitar do envolvimento da ex-mulher e do filho —, recebeu sete tiros, inclusive pelas costas e na cabeça, sem possibilidade de defesa.

Meses depois, mãe e filho foram presos; o namorado dela fugiu — há um dito popular: "Deus é grande, mas o mato é maior", e no mato desapareceu. Diante das provas colhidas, o filho resolveu confessar tanto a própria participação quanto a de sua mãe na emboscada feita contra o pai. Negou, contudo, que tivesse conhecimento de que o namorado dela iria

---

[236] Mt 21,38.

matá-lo. Disse ter sido enganado; que o combinado era roubar seu pai, e não o assassinar; que a situação saiu do controle, não podendo evitar o ocorrido. Ela, por sua vez, sempre negou ter participado do assassinato. Alegava, porém, sem explicar, "que o maior erro de sua vida foi ter se aproximado do namorado que matou seu ex-marido".

No dia do julgamento, o promotor de justiça confrontou a ex-esposa da vítima: "Mataste e, ainda por cima, tomaste a herança?"[237], torcendo para que ela assumisse toda a culpa pelo crime, com o objetivo de livrar o filho de qualquer responsabilidade pelo ocorrido. Ansiava que como mãe não contribuísse para a terrível infâmia que acompanharia toda a existência do filho: a de parricida. Desejou com sinceridade que fizesse isso pelo filho — e por ela mesma: "não há maldição em toda a *Bíblia* como uma maldição sobre seu próprio filho"[238]. Mas ela não o fez. Os pensamentos dela estavam voltados para assegurar o espólio do assassinado. Nada mais a preocupava nem mesmo o filho ser chamado de "monstro" pelo advogado que contratara. Não que o promotor de justiça fosse reconhecer a inocência dele — caso a mãe tivesse de fato isentado o filho pelo assassinato. De forma nenhuma. Se pedisse a absolvição do filho, não seria um promotor de justiça. Ele, o filho, deveria ser condenado pela morte de seu pai, mesmo se a intenção fosse a prática de um roubo, e não o homicídio. A gênese da violência é a mesma: "desejar aquilo que pertence a outro", a cobiça — "o desejo leva à cobiça, e a cobiça ao roubo..."[239]; e

---

237 1Reis 21,19.
238 ALEICHEM, Scholem. *Tévye, o leiteiro*. São Paulo: Via Lettera, 2012, p. 113.
239 Maimônides, citado por Samuel Belkin em *A filosofia do Talmud* (São Paulo: Sêfer, 2003, pp. 187-8.

PARTE DOIS : LIÇÕES

se imprudência houve, foi premeditada. A vontade de outra pessoa pode ter puxado o gatilho, mas a vontade do filho botou o pai sob a mira da arma empregada para matá-lo. Dada a gravidade da consequência, as vontades equivalem-se. O filho conhecia a vida pregressa e criminosa do executor, então namorado de sua mãe. Devia e podia entender que colocava seu próprio pai em risco, atirando-o ao colo de pessoas que portam arma de fogo e que não inspiram a mínima confiança, ou seja, perigosas. O filho tinha a obrigação de cuidar e proteger o pai, bem como impedir qualquer ato de violência ou ameaça a ser cometida contra ele. Trata-se de uma lei indelével escrita na consciência de todo ser humano: "Aqui cabe plenamente o adágio: 'A ninguém é permitido ignorar a lei'. A ignorância da lei, de que lei? Aquela que trazemos conosco. Essa, somos obrigados a conhecê-la"[240].

Pedida a condenação do filho — além, por óbvio, da mãe —, todos que se encontravam no tribunal (juiz, jurados, promotor de justiça, advogados, serventuários, agentes policiais, público etc.), no decorrer do julgamento, do início ao fim, não deixaram de pensar, um minuto sequer, nos próprios filhos. A imagem de seus filhos se interpunha entre eles e o parricida. Intuindo que "o mal tende a ser uma força mais influente do que o bem"[241], rogavam a todo instante que seus filhos se afastassem das más companhias e não ficassem expostos às más influências. Nunca, como naquele dia, o ensinamento

---

240 WASSERMANN, Jacob. *O processo Maurizius*. Campinas: Sétimo Selo, 2021, p. 297.
241 TELUSHKIN, Rabino Joseph. *O livro dos valores judaicos: um guia diário para uma vida ética*. São Paulo: Virgilae, 2015, p. 54.

contido na expressão "afaste-se dos maus vizinhos"[242] pairou tão intensamente num tribunal, penetrando tão fundo na mente e no coração de cada um que nele se fazia presente.

P.S. Mãe e filho presos, ainda no início das investigações, não se falaram mais. Tampouco trocaram parcas palavras durante o julgamento, que durou quase dois dias; e continuaram sem se falar por anos, até que o filho, diagnosticado com câncer em estágio avançado, ficou gravemente doente. Ele, então, procurou a mãe na penitenciária onde tiveram a primeira conversa depois de anos; mas não sei o que conversaram.

Cor

A pessoa assassinada, a vítima no processo, não "ajudava" — explicação mais usual, e de ocasião, para justificar a absolvição do assassino. A vítima, entregue aos crimes e aos vícios, tinha uma extensa ficha criminal; e, ainda, ameaçava de morte e batia na mulher, de quem não podia se aproximar por ordem judicial. Não era necessário ser profeta para prever o que ocorre com pessoas que seguem esse tipo de vida. Das duas, uma: ou são presas ou morrem. No caso, a vítima, depois de presa diversas vezes, morreu; e, quando isso acontecia, se o

---

242 Ensina Irving M. Bunim em *A ética do Sinai: ensinamentos dos sábios do Talmud* (São Paulo: Sêfer, 2001, pp. 38-9): "O efeito da associação com o mal é frequentemente fatal […] O ser humano é uma criatura muito imitativa. Ele absorve de seu ambiente os valores e padrões de comportamento daqueles que estão à sua volta, e tende a se ajustar a estes modos […] Em outras palavras, a impureza viaja com maior facilidade do que a santidade […] Se você se associar com os iníquos, as probabilidades de eles contaminarem você são maiores do que a possibilidade de você reformá-los".

assassino fosse "cidadão de bem", pouco importava o modo como ela havia morrido. Morta pelas mãos da polícia então... o promotor de justiça nem se dava ao trabalho de ler o boletim de ocorrência. Supunha a existência de confronto e até recomendaria a condecoração por bravura dos policiais envolvidos. De qualquer forma, presumia que a vítima contribuíra para pôr fim aos seus dias. Quase um suicídio; e não precisava de evidências para demonstrá-lo. O *modus vivendi* da vítima era a prova — uma vítima como tantas outras. Responsável, pois, a vítima, pelo comportamento homicida de seu algoz, tendo culpa na própria morte, não valia a pena gastar o latim com mau defunto. O melhor era arquivar o caso o quanto antes, evitando um processo difícil e, possivelmente, malsucedido.

Durante anos, o promotor de justiça pensou e agiu conforme esse entendimento, o de que os comportamentos desviantes autodestrutivos da vítima causaram a sua própria ruína; então que ela arcasse com as consequências. Escapava-lhe a compreensão de que o conceito pudesse estar invertido: porque, de algum modo, arruinada, assim se comportava. E esse entendimento estereotipado de autossabotagem da vítima se transformou num axioma — na sua cabeça e na de seus colegas na tribuna, onde exibiam o poder da oratória. Com o tempo, porém, notou-se na voz desse promotor de justiça uma certa rouquidão, o que o levou a procurar um médico. Feitos os exames, saiu o diagnóstico: enfisema pulmonar[243]. Temia por isso, porque era um fumante inveterado. Durante sua mocidade chegava a fumar de dois a três maços de cigarro por dia; e, embora tenha diminuído o ritmo com o passar dos

---

243 Doença respiratória crônica, tendo como causa, principalmente, o cigarro.

anos, ainda era uma tabagista contumaz. Sempre aproveitava os intervalos nos julgamentos para dar algumas tragadas, quando não fumava escondido. Mesmo agora, diagnosticado com uma doença grave em estágio avançado, não conseguia largar o vício, como se sua vida não fizesse sentido sem um ou dois cigarrinhos por dia.

Iniciado o tratamento, queria que o médico gostasse dele e fosse "tocado emocionalmente" por seu sofrimento, "atraído nem tanto pela fascinante biologia da [sua] doença, mas por quem ele era como pessoa"[244]. Mas logo percebeu que o médico julgava sua maneira de viver, causadora da moléstia de que padecia, culpando-o pela doença e pelo revés no tratamento. Não lhe dispensava tempo nem atenção, como se sua incapacidade de abandonar por anos o vício justificasse ser abandonado pelo médico, que via tudo como uma simples questão de força de vontade. Como paciente, sentia-se desrespeitado na sua dignidade tanto quanto o médico se achava isento de qualquer responsabilidade profissional caso abreviasse sua vida. Notava que o médico considerava

> as pessoas que não cuidam de si — alcoólatras com cirrose, doentes com enfisema em estágio terminal que fumam muito e diabéticos obesos — como, de certa forma, merecedoras de menos tempo e atenção [...] Médicos gostam que seus tratamentos sejam bem-sucedidos, e um ingrediente indispensável é a cooperação do paciente[245].

---

244 GROOPMAN, Jerome. *Como os médicos pensam*. São Paulo: Agir, 2008, p. 56.
245 Idem, p. 55.

Classificado assim o promotor de justiça, no jargão médico, como "não cooperativo", e recebendo o apático tratamento dispensado, por hábito e rotina, a esse tipo de paciente, às tantas perguntou-se: "O bom médico julga o paciente tal como ele julgava a vítima — e não apenas o réu — nos julgamentos? O bom médico distingue o paciente, que se fez vulnerável e incorrigível, dos demais, exonerando-se de qualquer compromisso no tratamento, tal como ele fazia distinção entre as vítimas, etiquetando-as para saber quais processos criminais mereceriam seu empenho?".

Julgando o médico por si, questionava-se tardiamente: "o sangue de uma pessoa é mais vermelho do que o de outra?"[246].

Sermão[247]

Recém-ingresso no Ministério Público, não tardou para que seu potencial, talento e competência despontassem. Ascendeu rápido na carreira, ocupando cargos e exercendo funções cada vez mais relevantes. Alçado a chefe de colegas muito mais antigos que ele, começou a capitanear grandes e complexas investigações criminais, com repercussão inclusive internacional; e, à frente delas, prendeu e processou por corrupção políticos, empresários e servidores públicos, reputando criminosas as relações estabelecidas entre eles.

---

246 Sobre o sangue de outras pessoas ser tão importante quanto o nosso próprio, cf. TELUSHKIN, Rabino Joseph. *O livro dos valores judaicos: um guia diário para uma vida ética*. São Paulo: Virgiliae, 2015, p. 471.

247 Texto anteriormente veiculado sob o título "PAI". ANDRADE, Ricardo Rangel. Pai. Disponível em: https://jornalggn.com.br/cronica/pai-por-ricardo-rangel-de-andrade. Acessado em: 21 dez. 2023. Publicado na forma impressa pela primeira vez, revisado.

O jovem prodígio granjeou imensa notoriedade. Virou celebridade. Lançou livro contando as experiências vividas. Foi agraciado com prêmios, comendas, homenagens e toda a sorte de honrarias. Diuturnamente, participava de programas e concedia entrevistas para os principais e maiores órgãos de comunicação do país. O que dizia se tornava notícia, na televisão, nos jornais e nas mídias sociais. Rogava-se a sua presença em todos os lugares: universidades, congressos, associações, fundações, igrejas, entidades da sociedade civil organizada e órgãos públicos. Até mesmo em bailes de formatura seu comparecimento era desejado com entusiasmo.

A demanda era tão grande que amiúde não conseguia atendê-la. Então, resolveu cobrar por palestras, obtendo, dessa forma, uma renda extra. De quando em vez, o valor cobrado coincidia com o de protagonistas e artistas de shows. O preço superava a remuneração que recebia do Estado e excedia, desproporcional e descomedidamente, a quantia que cabe a um professor por cada hora de aula. A criação de uma empresa ou instituto de eventos estava no horizonte, para promover as palestras remuneradas e gerir os respectivos cachês.

Vieram as críticas. Tão inexoráveis como fora a inevitável fama. Imputaram-lhe abuso da sua posição para ganhos pessoais; de lucrar com a fama, aproveitando-se do prestígio do cargo e das relações que travou durante as investigações. Acusaram-no, ainda, de: prática regular — e ilegal — de atos de comércio, fazendo as vezes de mercador; uso de salas, recursos e funcionários públicos na organização de sua atividade pessoal de palestrante; empréstimo do prestígio do cargo público — ou venda da função pública — para benefício próprio e/ou de entidade privada; monetização das investigações criminais, convertendo-as numa maneira de ganhar dinheiro, como se as investigações mercadorias fossem; patrimonialismo, confundindo as esferas pública e privada; e de ensejo a conflito de interesses, ao receber recursos de empresas investigadas ou que poderiam vir a ser. Por analogia, sua conduta foi equiparada à que se descreve, no âmbito da igreja, como o pecado da simonia: compra ou venda ilícita de coisas sagradas ou espirituais, tais como benefícios eclesiásticos, sacramentos e indulgências. Em suma, atribuiu-lhe o uso de conhecimento adquirido em virtude de sua posição oficial para auferir ganho privado, durante o exercício das funções.

Legiões levantaram-se em sua defesa, objetando contra essas acusações: boa parte dos recursos se destinavam a entidades filantrópicas ou serviam de custeio para iniciativas e ações que promovem a ética, a cidadania e o combate à corrupção, ou seja, parte significativa do dinheiro obtido era doado para fins beneficentes/caridosos; as palestras, ainda que remuneradas, inseriam-se no conceito de docência — equivalentes, portanto, ao exercício do magistério (ensino, professorado); a atuação funcional nelas tratada não abrangeu assuntos sigilosos; as atividades são de interesse público. Intenções ocultas e escusas estariam por trás das acusações: estancar as investigações de corrupção e impedir a punição de pessoas poderosas. Quanto às recriminações oriundas dos próprios pares, colegas de trabalho, eram movidas pelo sentimento de maldisfarçada inveja relacionado à fama e ao sucesso alcançados ou baseavam-se em inconfessável motivação política.

Mas os elogios e a aprovação que mais aguardava não vieram. Do pai. Esperava compreensão e apoio irrestritos dele — que seu velho até pedisse cadeia para quem ousasse censurar o próprio filho. Não que seu pai tivesse ficado do lado dos críticos, dando-lhes razão, ou que endossasse as acusações. Absolutamente. Não fez isso. Só que também não se mostrou colérico ou indignado com as críticas, recusando-se a ver o filho como vítima da situação. E essa postura paterna o incomodava muito. Daí, sentindo-se consternado com essa aparente neutralidade ou apatia de seu pai — aparente porque "o amor por um filho deve ser incondicional e não deve ter relação com o comportamento dele"[248] —, foi procurá-lo; e ouviu o que se segue.

> *Meu filho, "nos cargos públicos, está sempre latente a oportunidade tentadora de trabalhar pela honra e glória, para a vingança ou ganho pessoal. Junto com o cargo público chegam o poder e a influência"[249]; e o cargo que ocupa é tido como um dos de maior prestígio da República, além de vitalício, destinado a durar a sua vida inteira. Seu salário está entre os mais altos do serviço público. Quando precisa viajar a trabalho, é digna e satisfatoriamente indenizado por isso. À custa do empregador — no caso, o Estado —, pode frequentar e participar de excelentes cursos e seminários para seu aperfeiçoamento. Há outros benefícios que não vêm ao caso agora, porque os conhece melhor que eu. Lidera portentosas investigações — consideradas as mais proeminentes, pelo menos na história recente deste país — a permitir que assuma relevantes responsabilidades e desafios; uma oportunidade única e inestimável de enriquecimento pessoal e profissional. Goza de consideração e respeito dos*

---

248 TELUSHKIN, Rabino Joseph. *O livro dos valores judaicos: um guia diário para uma vida ética.* São Paulo: Virgiliae, 2015, p. 471.
249 BUNIM, Irving M. *A ética do Sinai: ensinamentos dos sábios do Talmud.* São Paulo: Sêfer, 2001, p. 78.

colegas com quem trabalha. Tem a estima e o apreço de um extraordinário número de pessoas pelo que vem realizando. Desempenha suas funções com independência funcional, ou seja, ao tomar decisões, sujeita-se apenas à sua consciência e à lei. Quando labuta, pois, sua consciência não é servil à outra. Mora próximo aos seus familiares, e numa cidade com qualidade de vida bastante superior à maioria das outras.

Então, meu filho, diante de tudo isso, "não se deixe deslumbrar pelo brilho da glória, dizendo presunçosamente: Veja o que eu fiz!"[250]*; e, como te conheço bem e sei que é um ser humano decente, apelo para que pondere. Coloque na balança prejuízos e benefícios, e responda para si mesmo: neste caso, valeu a pena empregar sua capacidade para ganhar um dinheiro extra?*

---

250 Idem, p. 79.

PARTE TRÊS

Retorno

Justificado

O réu tinha merecida má fama. Aterrorizava a região onde morava e comentava-se que havia cometido vários homicídios. O seu próprio advogado admitia que ele era "matador", mas apenas matava "vaso ruim... bandido matando bandido... não matava cidadão de bem". A polícia tentava pegá-lo havia tempos; até que, finalmente, conseguiu. Só que nesse processo específico, pelo qual foi preso por assassinato, a prova resumia-se a testemunhos precários de duas adolescentes que o colocavam na cena do crime. Depoimentos colhidos sabe-se lá como e à custa de quê.

O julgamento se aproximava, e a expectativa de absolvição e soltura do réu alarmava a todos, trazendo desassossego à comunidade. Zeloso, o promotor de justiça, para "salvar" o processo, arrolou como testemunha a escrivã que havia colhido os depoimentos das adolescentes que incriminavam o réu, sabendo da particular disposição dela — da escrivã —

em vê-lo condenado. Não houve articulação, combinação ou qualquer ajuste prévio entre o promotor de justiça e a escrivã sobre o que ela deveria falar no julgamento; o que havia, isso sim, era um desprezo comum pelos criminosos.

Ao depor, a escrivã disse, conforme o esperado, e com firmeza, que se tratava, o réu, de uma pessoa perigosa; um assassino contumaz. Se não havia mais provas era porque as pessoas tinham medo de falar ou colaborar com as investigações; medo de morrer; e, caso o réu fosse solto, ela mesma corria risco de ser assassinada. Ou seja, a absolvição dele seria a sentença de morte dela — esse depoimento selou a condenação. Dali em diante, tudo o que se falasse ou argumentasse no julgamento pouca diferença faria à sorte do réu.

Condenado o réu a mais de doze anos de prisão, o promotor de justiça recebeu numerosos cumprimentos e felicitações; e essas congratulações continuaram durante algum tempo. Saudado por onde passava, tornou-se mais gentil com as pessoas; a princípio achou que essa gentileza sua era mera retribuição ao tratamento afetuoso a ele dispensado; ainda não a via como uma compensação pelo sentimento de culpa que carregava — uma espécie de autossuborno para obter uma consciência limpa. Mas, cada vez que era parabenizado pelo seu desempenho no julgamento, sua aflição aumentava; sentia um desconforto, um mal-estar emocional difícil de explicar; quanto mais palavras de reconhecimento lhe eram dirigidas, mais acabrunhado ficava. Quando externava sua agonia, algumas pessoas lhe diziam, procurando mitigar eventual erro judicial ocorrido no julgamento: "Se o acusado não cometeu esse crime, está pagando pelos demais que praticou. Mereceu!". Outras afirmavam, a título de consolo: "Pense nos crimes que ele teria cometido, se fosse solto".

PARTE TRÊS : RETORNO

Não suportando mais os elogios recebidos, percebeu, enfim, que provara do *pão da vergonha*, ganhando respeito e admiração que não fez por merecer. Reprovava sua conduta, tida pelos outros como irrepreensível. Tampouco desejava consagrar-se como um exemplo para seus pares ou para a sociedade. Queria tão somente servir de lição para seus filhos; e isso tinha mais peso moral que todos os deveres ou obrigações instituídas por todas as leis ou códigos de ética.

Daí, envergonhado e consciente de sua indignidade, não ousando sequer levantar os olhos para o céu, batia no peito dizendo: "Meu Deus, tem piedade de mim, pecador!"[251].

BECA[252]

Era um daqueles casos difíceis ou quase impossíveis de condenar. "A vítima não ajudava", como se costuma dizer. O réu estava em sua própria casa quando soube que a vítima estava indo lá com uma faca, para matá-lo; não fez outra coisa a não ser esperá-la; e, assim que a vítima chegou, não teve piedade dela, matando-a. Casos assim sequer chegavam a julgamento. Eram arquivados antes. Afinal, "uma pessoa tem permissão para matar outra que a está perseguindo com a intenção de matá-la [...] Como se trata de uma situação de vida ou morte, o perseguido deve agir rápido e, a fim de salvar sua vida, pode matar o seu perseguidor em legítima defesa"[253].

---

251 Lc 18,13-14.
252 Traje usado por membros do Ministério Público e advogados durante os julgamentos.
253 STIEFELMANN, Rabino Avraham. *Decifrando os tesouros do Talmud*. São Paulo: Vox Editora, 2021, p. 122.

É o que diz o Talmude, não é? "Se alguém vier matá-lo, levante-se e mate-o primeiro".

Esse caso, porém, escapou de um arquivamento precoce; mas, se porventura isso acontecesse, a solução era simples: o promotor de justiça pedia a absolvição, demonstrando boa vontade e compreensão para com o réu. Por tabela, evitava "perder o julgamento", ou seja, ao projetar o resultado previsível, antecipava-se a ele; e, poupando-se de ver rejeitado um pedido seu pela condenação do réu, não ficaria frustrado ou com uma sensação de fracasso pessoal.

Tendo o caso ganhado sobrevida, os detalhes, as minúcias, os pormenores do processo, principalmente os que dizem respeito ao exato instante da morte do perseguido, revelavam, como de costume, uma história diferente do que as aparências sugeriam: a possibilidade de o réu salvar-se de outra maneira, agir de outro modo, sem precisar matar aquele que o perseguia; isto é, o réu matou quem o perseguia depois de rendê-lo ou dominá-lo, quando não havia mais risco à sua vida. Isso, no entanto, não se levava em consideração; perdia-se no quadro mais generalizado e difundido: a vítima assassinada (o perseguidor) indo ao encontro do réu, com o propósito de matá-lo. Em síntese, o réu no processo era a vítima aos olhos da sociedade — vítima que se fez assassina para se defender.

O defensor do réu sempre era nomeado para os casos mais indefensáveis: criminosos confessos, acusados com vários antecedentes criminais, crimes cometidos na presença de várias testemunhas etc. "Advogado de causas perdidas", poucas vezes conseguia absolver algum cliente; quando aparecia para ele um caso como esse, em que se antevia a absolvição, nada lhe restava a fazer. Avaro, o promotor de justiça adiantava-se, pedindo-a. Arrebatava-lhe o êxito da conquista. Assim como "aquele batedor de carteira costuma dizer, com grande orgulho: 'nunca pedi um tostão emprestado a ninguém'"[254] o invicto promotor de justiça orgulhosamente dizia: "Nunca perdi um júri".

Sucedeu, desta vez, algo diferente. O promotor de justiça com grande empenho e esforço pediu a condenação, mesmo sabendo-a improvável. Não por piedade do réu ou do defensor, e sim por acreditar, conhecendo minuciosamente as provas, que o réu tinha, em alguma medida, culpa. Apenas oferecia a ele, o defensor, um debate justo, que tantas vezes lhe negaram; e, no regozijo de seu adversário, diante da absolvição do réu, o promotor de justiça sentiu que honrou a beca como jamais havia feito antes.

Antagonismo

No tribunal, o promotor de justiça pediu a condenação do réu por assassinato, e o advogado de defesa clamou pela absolvição, declarando-o inocente. Caberia ao Conselho de Sentença, formado pelos jurados — cidadãos maiores de 18 anos de notória idoneidade[255], também conhecidos como juízes leigos, em número de sete —, decidir sobre a culpa ou inocência do réu. O juiz de direito — chamado de juiz togado — estava ali para presidir o julgamento, mantendo a ordem e dirigindo os trabalhos, competindo-lhe proferir, ao final, a sentença

---

254 ITARARÉ, Barão de. *Máximas e mínimas do Barão de Itararé*. Rio de Janeiro: Record, 1985, p. 91.
255 Artigo 436 do CPP.

(condenatória ou absolutória), com base no que decidissem os jurados; e essa decisão dos jurados, o veredito, é soberana — não pode ser modificada pelo juiz togado. No júri, pois, o juiz de direito/togado não resolve sobre a culpa do réu.

Todavia, o juiz de direito, ao presidir o julgamento, tem preservada a capacidade de influenciar o resultado, através de sua postura, gestos e sentimentos externados. Presumida a honestidade, a isenção e a imparcialidade do juiz, qualquer manifestação ou comportamento seu que indique preferência ou predileção por uma das partes faz com que os jurados se inclinem para o mesmo lado.

Quando o julgamento se encaminhava para o final, o defensor do réu levantou uma questão sobre a má redação de um quesito — questão sobre o crime a ser respondida pelos jurados "com suficiente clareza e necessária precisão"[256] —, que gerou um desentendimento entre ele e o juiz; esse desentendimento virou uma discussão; e, por causa dessa discussão, o juiz altercou com o defensor, empregando palavras que, se mal interpretadas, deixariam transparecer uma certa antipatia — quiçá aversão — pelo réu. Palavras passíveis de má interpretação porque intencionalmente ambíguas, por expressar o que ele, o juiz, pensava sobre o réu.

O juiz assim transferiu a sua insatisfação e descontentamento pela atitude do defensor para o cliente dele, o réu, por quem tinha um conceito negativo — nos tribunais, uma reação corriqueira e muito temida pelas partes, embora juízes sejam exortados a ter cautela, "para que não ajam inadvertidamente como advogados de nenhum dos litigantes; não os ajudem

---

[256] Artigo 482 do CPP.

PARTE TRÊS : RETORNO

nem mesmo involuntariamente pelo tipo de questionamento que empregam ou na reformulação de suas demandas"[257]. Tendo sido ignorada essa exortação, e como "a capacidade das pessoas de entender as coisas de modo errado é verdadeiramente gigantesca!"[258], a causa estava ganha para o acusador. Entrevia-se que até o juiz togado — neutro por excelência — achava o réu culpado. Dessa não escaparia.

E o promotor de justiça queria ver o réu punido. Pagando pelo crime que cometeu. Mas sabia que, nessa contenda com o juiz, o defensor estava certo; sabia também que o caso era difícil e complexo. Caso ficasse ao lado do defensor na discussão, os jurados poderiam entender que concordava com ele quanto à resposta a ser dada sobre a absolvição do réu. Se não, iriam quedar-se confusos ou desorientados. Os jurados não conseguiam mais raciocinar nem organizar os pensamentos. Estavam exaustos. O julgamento já durava mais de 18 horas ininterruptas, tornando-os surdos a qualquer argumentação ou explicação. Alguns jurados mal conseguiam permanecer acordados.

Para o que o desentendimento entre o juiz e o defensor teve serventia, quer para despertar os jurados, quer para o promotor de justiça superar a sua inclinação natural de pensar em si mesmo antes dos outros: não tinha "o direito de permanecer calado quando outra pessoa vai sofrer por causa do seu silêncio"[259]. Pedindo, em seguida, a palavra, para esclarecer por que concordava com o defensor, preferiu sair no prejuízo

---

257 BUNIM, Irving M. *A ética do Sinai: ensinamentos dos sábios do Talmud*. São Paulo: Sêfer, 2001, p. 40.
258 BUNIM, Irving M. *A ética do Sinai: ensinamentos dos sábios do Talmud*. São Paulo: Sêfer, 2001, p. 47.
259 TELUSHKIN, Rabino Joseph. *O livro dos valores judaicos: um guia diário para uma vida ética*. São Paulo: Virgiliae, 2015, p. 412.

a ver o oponente padecer um dano, dando-lhe razão, mesmo ciente de que punha, ao agir dessa forma, a condenação em risco; e seu fundado receio concretizou-se com a absolvição do réu, numa votação apertada: quatro jurados o consideraram inocente; três deles, culpado.

Antes desse julgamento, o promotor de justiça havia participado de muitos; e depois tomou parte em outros. Numa grande porção deles arrependeu-se das decisões que tomou; se pudesse voltar atrás, não as teria tomado ou agiria diferente; mas entre elas não se encontrava a que se alinhou à justa reivindicação de seu adversário.

Ceticismo

Não era mais um principiante. Nos últimos dois anos havia acusado, no mínimo, uma dúzia de assassinos. Mas sempre era acometido pela mesma sensação. Uma convicção vacilante mesmo diante de provas cabais. Um certo receio de errar, que bem poderia passar por insegurança. Titubeio que não via em seus colegas; e, desta vez, a prova mostrava-se ainda mais evidente. Estava lá. Toda ela. Prova plena e indiscutível. O réu era reincidente. Tinha sido preso e processado por roubo e porte de arma, antes de ser preso em flagrante pelo homicídio. Fora perseguido pela polícia, logo após matar seu desafeto, em situação que permitia presumir ser ele o assassino: fugindo. Duas pessoas disseram ter visto com seus próprios olhos o réu atirando contra a vítima; depois, essas duas testemunhas oculares reconheceram formalmente o réu, apontando-o como o autor do homicídio. Um vídeo mostrava o réu confessando

PARTE TRÊS : RETORNO

sua culpa no crime; e ainda havia um motivo verossímil para cometê-lo: o réu era inimigo capital da vítima, com quem se desentendera uma semana antes, chegando a vias de fato.

Então, se havia tudo isso, por que não estava totalmente seguro de acusá-lo? Por que hesitava? Qual era a fonte dessa incerteza, que minava sua convicção sobre a culpa do réu? Que ceticismo inexplicável era esse? Exasperava-se; por Deus, até quando desconfiaria do seu próprio raciocínio, sentindo uma falta de segurança em si mesmo típica de novatos? Mal comparando, era como um grande cirurgião com receio de fazer um simples curativo.

Movido por esse sentimento e autoindagações, fez uma longa e profunda introspecção, apoiada nos ensinamentos dos sábios; e, mergulhando na própria consciência, compreendeu que "aqueles que aplicam a justiça [...] não são oniscientes nem infalíveis [...]", e que se "deve adotar uma atitude cética em relação a todas as demandas, mantendo a sua suspeita. As reclamações de todas as partes devem ser consideradas questionáveis"[260]. Na prática, instrução e conhecimento da lei, embora fundamentais, não fazem ninguém detentor ou o guardião da verdade. Servem apenas como ponto de partida para buscá-la. Inalcançável a verdade, no máximo podia almejar, com a mente aberta e empenho, ir em direção a ela; e o dia em que considerasse seu juízo como definitivo, se tornaria incapaz de julgar quem quer que fosse.

---

[260] BUNIM, Irving M. *A ética do Sinai: ensinamentos dos sábios do Talmud*. São Paulo: Sêfer, 2001, p. 40.

Causo

Era jovem e destemido. Tinha quatro anos de experiência como promotor de justiça, mas ainda guardava o deslumbramento e a empolgação dos primeiros tempos — a pureza das intenções dos candidatos a cargos públicos. Explorando e descobrindo as diversas possibilidades de atuação, via todos os caminhos abertos, sem quaisquer limites[261]. Processava corruptos, defendia o meio ambiente, fiscalizava asilos e orfanatos, arrumava leitos de UTI para os doentes e resolvia os mais diversos problemas que apareciam: pessoas sem registro de nascimento, crianças não matriculadas na escola, buracos na rua, carcaças de animais lançadas ao córrego, mau cheiro de curtume, corte de luz elétrica abusivo, rescisão trabalhista etc. Solicitavam a sua intervenção até para mediar briga entre vizinhos, providenciar a retirada de mesas de boteco na calçada que estivessem atrapalhando transeuntes e emendar quem quer que estivesse perturbando a paz ou o sossego público. Possuía predileção por enquadrar os donos de som automotivo que ficavam defronte aos bares com o volume no máximo: apreendia o carro, fechava o bar, acabava com a farra. E punha fim à maior parte dessas situações, mesmo as mais complicadas, com esmero e gosto. Mesmo a prefeitura, para cumprir as próprias obrigações (p. ex. embargar uma obra irregular), recorria a ele, o promotor de justiça, a quem pedia uma ordem por ofício para realizá--las. Poupava-se, assim, o administrador municipal de algum desgaste pessoal ou político pelo ato praticado; e o promotor de justiça, assumindo toda a responsabilidade, não se impor-

---

261 AKIVA TATZ, Rabino Dr. *Guia do adolescente*. São Paulo: Associação Beneficente e Cultural Makom, 2021, p. 70.

PARTE TRÊS : RETORNO

tava em responder por encargo alheio nem desagradar quem quer que fosse — verdade seja dita, comprazia-se, sobretudo quando era para fechar lan houses e casas de jogos eletrônicos perto de escolas: estabeleceu a necessidade de uma distância tão grande entre esses estabelecimentos e os colégios que, na prática, erradicou-os do município.

Numa ocasião, procurado por algumas pessoas incomodadas com desenhos de personagens de *Branca de Neve e os sete anões* (Dunga, Zangado, Soneca etc.) no muro de um motel, e que há anos não conseguiam se fazer ouvidas, deu-lhes não só atenção como razão. As imagens infantis foram apagadas em menos de 24 horas, sob sua supervisão *in loco*, julgando-as incompatíveis com um lugar destinado a encontros para fins libidinosos; e, caso tivesse presenciado algum encontro amoroso, muito provavelmente teria mandado interditar o estabelecimento. A polícia fardada, mais que uma aliada, era seu braço armado. Às suas ordens, auxiliava-o inclusive na prisão de agiotas, de vendedores de lotes irregulares e clandestinos, tão pobres quanto os compradores, e de apontadores de jogo do bicho que se mostrassem muito ostensivos, mantendo um ponto fixo de coleta das apostas. Tolerava somente os apontadores que andavam com suas pastinhas debaixo do braço, vendo nisso um ato de louvável discrição a justificar sua leniência; e, desse modo jeitoso, conciliava repressão ao crime com sensibilidade social. Aos devedores de pensão alimentícia, dispensava o mais duro e inclemente tratamento. Enxovalhava-os. Tachava todos de ordinários e desprezíveis pela atitude ignóbil. Prendia os inadimplentes, pregando em alto e bom som que tais devedores, que abandonavam a própria cria, eram piores que corvos; e quem se comportava de maneira inferior a um animal não merecia misericórdia! *O povo adorava!*

Pousando demoradamente seu olhar nos casarões históricos e centenários, que lhe incumbia proteger, como que via cenas do Brasil colonial: a vida pacata dos colonos; o afluxo de pessoas para as jazidas de ouro recém-descobertas; os escravos "fujões" produzindo a marmelada (tradição passada de geração a geração pelos descendentes dos quilombolas); no calçamento de pedra, as mulheres usando mantilhas de renda, acompanhadas de mucamas, em meio a cavalos, mulas e liteiras; o planger do sino da velha igreja comunicando o passamento de algum morador do arraial, e as badaladas matinais que beatas diziam ser a voz de Deus chamando para a missa; o cortejo conduzido pelo padre, seguido por dezenas de pessoas carregando a bandeira do Divino, cantando e abençoando as casas dos devotos, na festa anual do Espírito Santo, citada por ninguém menos que Machado de Assis como "resto de outras eras, que os escritores do século futuro hão de estudar com curiosidade, para pintar aos seus contemporâneos um Brasil que eles não hão de conhecer"[262]. Tudo isso e mais enxergava em sua mente, a reforçar seu zelo na preservação dos casarões antigos. Antes mesmo do tombamento, proibiu qualquer demolição sem a sua anuência, inclusive dos imóveis ameaçados de ruína. Daí derrubavam os casarões na calada da noite, para driblar a vigilância, deixando um vazio no lote e no promotor de justiça, que o preenchia com mais luta. Mais uma de suas lutas inglórias! Jamais se entregava. Ai de quem ousasse pichar os casarões — se pudesse castigaria os picha-

---

262 ASSIS, Machado de. A parasita azul. GUIMARÃES, Hélio de Seixas (ed.). *Histórias da meia-noite*. São Paulo: Martins Fontes, 2007, p. 37.

dores, geralmente adolescentes, obrigando-os a limpar com a língua, para "servir de exemplo". Como não podia, instava os pais a aplicar um "corretivo" nos filhos infratores, advertindo-os: "corrige ou vai levar cigarro para o moleque na cadeia!".

Aliás, pais desesperados o procuravam com frequência para que aconselhasse os seus filhos desencaminhados, principalmente por causa das drogas. Quanto mais a bronca se aproximasse de uma ameaça melhor (p. ex. "não reclama depois se levar um 'sacode' da polícia..."). Os pais saíam da promotoria agradecidos pelo pito e debalde esperançosos — dura realidade para a qual o promotor de justiça não virava as costas, concordando amiúde com o ponto de vista de algumas mães que tiveram os filhos assassinados, trágica e previsivelmente assassinados. Realistas, deixando de lado a brutalidade atrás das grades e o sentimento de terrível solidão de quem lá se encontra, elas consolavam as que tinham os filhos presos: "Mãezinha, dê graças a Deus, enquanto seu filho está (sic) preso você ainda tem filho..."[263]. E na intenção de fazer alguma coisa para amenizar a vida sofrida dessa gente, a voluntariedade do promotor vinha a calhar. Emplacou a lei seca na cidade e arredores, proibindo a venda de bebidas alcoólicas depois das 22 horas. Não propriamente uma lei, e sim portaria judicial. Convenceu o juiz da comarca a expedi-la, a pretexto de diminuir a alarmante criminalidade. Lei ou portaria judicial,

---

263 A propósito, Luiz Alberto Mendes, condenado pela prática de diversos crimes, e que passou décadas preso, declarou sobre sua internação em um reformatório para menores infratores: "Senti que minha mãe preferia me ver ali do que na rua, fugindo de casa. Pensava que ali estava seguro e protegido e na rua estava para todos os riscos [...] Sempre a maldita segurança em primeiro lugar. Ali ela sabia que eu comeria, dormiria numa cama, nenhum carro me atropelaria e nenhum policial me mataria. Isso de apanhar, eu apanhara a vida toda e estava vivo e sadio ali. E mais um pouco não iria me prejudicar muito. Loucuras da lógica maternal". *In:* MENDES, Luiz Alberto. *Memórias de um sobrevivente.* São Paulo: Companhia das Letras, 2001, pp. 127-30.

dava no mesmo. Arrogou-se a obrigação funcional e cívica de cumpri-la, organizando patrulhas ostensivas e rondas que impunham na prática um verdadeiro toque de recolher.

Não! Ele nem era um déspota, nem o "Promotor!", como se costuma designar o maioral e a referência entre os seus, embora desde cedo tenha percebido que não era preciso ditar a sua lei para se tornar um ditador; para isso, bastava aplicar a lei existente com rigidez: "insistir impiedosamente na justiça rigorosa em cada assunto insignificante, e recusar-se a agir com clemência"[264]. Não! Absolutamente, não! Ele não era um tirano! Ele era o Estado, "no tempo em que a gente quer ser dono do mundo", a mocidade[265]. O Estado encarnado, num dos rincões desta terra de Santa Cruz[266]. Um de seus minguados representantes, perante uma população desassistida e desprotegida que lhe demandava diuturnamente. A autoridade à vista e que se compadecia da multidão aflita e desamparada "como ovelhas sem pastor"[267]. Poucos se dispunham, como ele, a seguir o preceito bíblico de sair "da sua terra", do meio dos seus parentes e da casa de seu pai..."[268], menos ainda a — tal qual os bandeirantes[269] — sair de seu torrão natal, deixando a família, o lar e afeições, para "comer poeira", por assim dizer, numa inóspita região no interior do país. Trabalhar aí equivalia a viver no exílio, asseveravam.

---

[264] BUNIM, Irving M. *A ética do Sinai: ensinamentos dos sábios do Talmud*. São Paulo: Sêfer, 2001, p. 226.

[265] "A mocidade é o tempo em que a gente quer ser dono do mundo e ao mesmo tempo sente que sobra nesse mundo", Rachel de Queiroz.

[266] Um dos primeiros nomes do Brasil (1503).

[267] Mt 9,36.

[268] Gn 12,1.

[269] Desbravadores dos sertões, no Brasil colonial.

PARTE TRÊS : RETORNO

Roía osso em lugares rústicos, enquanto seus pares nutriam um apetite voraz e obsessivo por carnes nobres, como se referiam aos locais bons para trabalhar pela qualidade de vida acima da média e pouco volume de serviço: "Essa comarca é filé!". Quando era convocado à Corte — digo, capital —, para traçar planos e prioridades de atuação, reputava válida a viagem pela oportunidade de rever, almoçar e trocar histórias com os colegas, mas lamentava-se ao perder preciosos dias de trabalho. Crédulo, como Policarpo Quaresma, num alvissareiro porvir do seu Brasil varonil, "perdendo um dia ou dois, era como se começasse a desertar da batalha"[270]. De resto, a realidade com seus problemas reais continuaria a se impor e pautar o seu trabalho; como sempre, iria enfrentá-la sozinho e solitariamente com o único meio à disposição: um elevado senso de responsabilidade e dever. Diante de tamanha abnegação e incomparável doação ao serviço público, quem em sã consciência teria autoridade moral para censurá-lo ou ditar-lhe regras? Afinal de contas, e, modéstia à parte, sua ficha corrida de bons serviços prestados superava com larga vantagem a dos erros, tanto é que a imprensa o estimava bastante; e ele gostava da imprensa, por meio da qual fazia conhecido seu intenso trabalho, alcançando reconhecimento — assim pensava.

---

270   BARRETO, Lima. *Triste fim de Policarpo Quaresma*. São Paulo: Companhia das Letras, 2011, p. 209. De acordo com Oliveira Lima, diplomata e historiador, e quem primeiro comentou sobre o livro na imprensa, em 1916, o major Policarpo Quaresma "viverá na tradição, como um Dom Quixote nacional. Ambos são tipos de otimistas incuráveis, porque acreditam que os males sociais e sofrimentos humanos podem ser curados pela mais simples e ao mesmo tempo mais difícil das terapêuticas, que é aplicação da justiça da qual um e outro se arvoraram paladinos" (páginas 57 e 58 da obra citada). O mesmo pode-se dizer do promotor de justiça, que compartilhava da mesma crença, arvorando-se paladino da Justiça.

Entrevistado amiúde nos noticiários, chegou a participar regularmente de um programa de rádio semanal, onde discorria sobre leis, costumes e os mais diversos assuntos de interesse da comunidade. Personificando a lei e a ordem, não conseguiu evitar um certo vedetismo. Para ilustrá-lo, cito dois acontecimentos. No primeiro, havia uma casa de prostituição à beira da estrada, muito antiga e conhecida de todos. Diziam as más línguas que de tão memorável pertencia ao patrimônio cultural da cidade. Determinado a fechá-la, o promotor de justiça articulou e acionou o corpo de bombeiros, a vigilância sanitária, o departamento de posturas, a polícia, entre outros órgãos. Qualquer irregularidade achada e verificada no prostíbulo servia para o propósito de interditá-lo: alvará vencido, azulejo quebrado na cozinha, falta de extintor de incêndio, drogas encontradas no local etc. Atingido o objetivo com o fechamento do bordel, soube que meses depois a casa de prostituição reabriu com outro nome; mas a proeza estava feita, e já bastava para inscrevê-la nos anais da comarca. Em outra ocasião, deparou-se com um ônibus estacionado em local irregular, impedindo parcialmente as pessoas de transitarem pela calçada. Não havendo guincho, chamou um fiscal, a quem mandou autuar o ônibus por infração de trânsito, e, depois de aplicada a multa, disse para o mesmo fiscal dar a volta no quarteirão, para, topando com o ônibus de novo, tornar a multá-lo; e assim sucessivamente, multa sobre multa, a cada volta dada pelo fiscal no quarteirão, até que o ônibus fosse retirado de lá. Vendo graça nas transgressões em face dos castigos, *o povo ia ao delírio!*

Um dia, veio-lhe às mãos um inquérito sobre drogas encontradas numa casa; e nele um policial havia declarado que, ao entrar na residência, o dono atiçou uma cadela da raça pit

PARTE TRÊS : RETORNO

bull para atacá-lo. Daí, disse o policial, não teve jeito senão matar o animal a tiros. O promotor de justiça, não deixando nada escapar nessa época que pudesse receber a atenção da mídia e virar notícia, sucumbiu à versão unilateral e policial dos fatos, achando ali um crime: tentativa de homicídio! O assassino em potencial? *O dono da casa!* A vítima? *O policial!* O instrumento empregado para cometê-lo? *A cadela!* Sem dúvida, cães da raça pit bull são naturalmente agressivos e muitíssimo perigosos, de modo que o dono atentou contra a vida do policial ao atiçar seu cão para atacá-lo. E sacramentou: o policial poderia ter morrido! Lembrava-se de um colega de outro estado[271] ter denunciado à Justiça um homem pelo assassinato de uma pessoa e pela morte de um tatu, que jazia ao lado do corpo da vítima. Ambas as mortes — do homem e do tatu — foram a júri popular. Essa ocorrência singular passou a ser conhecida como o caso do "tatucídio", e dela muito se falou e comentou nos congressos e eventos. Agora ele, o promotor de justiça, também teria um causo para contar, que, se não primava pela originalidade, ao menos era inusitado, e seu. O *seu* causo.

Assim se fez, processou o dono da cadela, imputando-lhe o crime de tentativa de homicídio, o que atraiu alguma atenção e rendeu efêmeras notícias. Logo após, o promotor de justiça mudou de cidade, ocupou outros cargos, exerceu novas funções, retornando mais de uma década depois à antiga comarca e atribuições; e qual não foi sua surpresa quando se defrontou com o inolvidável caso da cadela pit bull! Estava do mesmo jeito que deixara. Sabia que a Justiça era lenta, mas não esperava que fosse tanto. Revisitando as

---

271 Lélio Braga Calhau, promotor de justiça em Minas Gerais.

provas, pediu, sem hesitar nem pesar, o arquivamento do processo. Findo o processo, o caso morreu com ele; não foi citado em colóquios, seminários ou encontros, conforme em tempos idos almejou; e somente vai aqui contado, em meio a reminiscências, ao modo de confissão, sem a qual excessos e desatinos não podem se expiar.

Queda

Dois irmãos foram acusados de matar um menino de 14 anos. O crime ocorreu na casa deles, numa baia para cavalo[272] que ficava nos fundos; e dentro da residência estavam o pai, duas irmãs e o cunhado dos dois irmãos. O assassinato foi cometido por um irmão ou outro; ou pelos dois, conluiados. Não havia outras possibilidades. Recaindo a suspeita sobre ambos, contra eles foram expedidas ordens de prisão. Um foi preso, mas o outro conseguiu fugir. Seguiu-se, então, a separação dos processos: o do irmão preso prosseguiu, enquanto o processo do foragido ficou suspenso até sua prisão.

Para livrar o irmão preso da cadeia, seus familiares jogaram a culpa no que fugiu. Não disseram expressamente: "quem matou o menino foi o irmão que fugiu!", mas foi como se dissessem, porque declararam, entre outras coisas: "o foragido correu atrás do menino, e logo após ouvimos os tiros"; "o menino pedia para ele, o fugido, 'não, não faça isso comigo'", "morto o menino, esse irmão, o que escapou, correu... não temos notícias do seu paradeiro". Assim, o que estava preso foi solto, porque a autoria do crime recaiu sobre o irmão fugitivo.

---

272 Espaço dividido geralmente por tábuas para abrigar animais.

PARTE TRÊS : RETORNO

Porém, logo depois, o que havia fugido foi encontrado e preso, tendo sido retomado o curso do seu processo. Verificou-se que não era a primeira vez que ele sujava suas mãos com sangue nem a primeira vez que fugia da Justiça. Quando adolescente, matara um homem a tiros; em seguida, sumiu. Permaneceu mais de três anos escondido; e, ao completar 21 anos, não podendo mais ser preso por esse assassinato, reapareceu, pois sabia que, alcançada essa idade, estava livre de responder por qualquer ato infracional (conduta descrita como crime)[273] praticado durante a adolescência[274]; seus feitos criminosos seriam completamente apagados — *resetados*, por assim dizer. Reiniciaria a vida criminosa do zero. Protegido, então, pela lei, que lhe assegurava a liberdade, ressurgiu e confessou, sem remorso, o homicídio cometido quando era adolescente.

Tudo isso veio à tona no dia do julgamento. Os familiares do réu — pais, irmãs e cunhado — não conseguiam esconder o embaraço, o constrangimento, pelo depoimento deles ter implicado um dos *seus* no crime. Na ânsia de soltar um, comprometeram a situação, de forma inarredável, do outro. Talvez não contassem com a prisão do foragido; e o promotor de justiça interpelava-os, de maneira a dificultar qualquer retratação; frustrava o intuito dos familiares de desdizer o que haviam dito antes. Para provar o crime, o promotor de justiça lia, enfatizando cada letra, os depoimentos incriminatórios prestados pelos familiares do réu; e bradava: "Quantos mais ele terá que matar para ser punido?"; "a condenação do réu não trará o menino de 14 anos de volta aos seus familiares, mas pelo menos impedirá que isso não aconteça com outros pais!".

---

273 Artigo 103 da Lei 8.069/90.
274 Artigo 121, § 5º, da Lei 8.069/90.

Declarado culpado o réu, por força dos depoimentos de seus familiares, e sentenciado a mais de dezesseis anos de prisão, o estagiário que acompanhava o promotor de justiça perguntou-lhe: "O senhor também sente um certo prazerzinho em vê-lo condenado?". Ignorava o estagiário que o constrangimento do promotor de justiça não era menor do que o dos familiares do réu — não é sem motivo que, pela lei, pais, cônjuge e irmãos do acusado podem recusar-se a depor, salvo se não existir outro jeito de provar o crime[275].

O primeiro impulso do promotor de justiça foi responder: "Um semelhante tem sua vida arruinada, afogando-se na própria iniquidade, e você vê nisso motivo para comemoração?". Mas, não querendo soar ríspido, disse isso, mas em outras palavras: "Dizem os sábios: 'Quando cair teu inimigo, não te alegres, nem se regozije teu coração quando ele tropeçar'[276]. O que sinto, portanto, é a satisfação pelo dever cumprido. Nada mais. Isso não implica ficar abatido como o acusado e seus familiares, mas, sim, respeitoso para com a dor alheia; e há uma grande distância entre essa sensação íntima de cumprimento das minhas obrigações e a sensação de prazer". Grande distância a ser percorrida por um longo e sinuoso caminho, findo o qual não se sente mais à vontade com a condenação de um semelhante. E o estagiário mal havia iniciado a caminhada.

---

275 Artigo 206 do CPP.
276 Ética dos Pais (Pirkei Avot) 4,24.

PARTE TRÊS : RETORNO

Quinto mandamento

A mulher, por dinheiro, e para ficar com o amante, resolveu livrar-se do marido. Pagou um adolescente para matá-lo. Mandou matar o homem com o qual estava casada havia anos e que era pai de suas duas filhas. Descoberto o assassinato, e marcada a data do julgamento, as filhas, órfãs de pai, pediram, ou melhor, suplicaram, para testemunhar contra a mãe, a acusada, a quem culpavam pela desgraça que recaiu sobre suas vidas. Mas as filhas não haviam presenciado o crime. Estavam viajando quando o pai foi assassinado. Nada sabiam sobre o crime que interessasse à decisão da causa. Queriam, na realidade, insultar e humilhar publicamente a mãe, extravasando toda a emoção contida pela morte do pai. Para a acusação, depoimentos como esses vinham a calhar: tornando-se as próprias filhas da ré sócias na ação de acusá-la, isso, por si só, faria a balança pender contra ela. Facilitaria muito o trabalho do promotor de justiça; e por que não deixaria que elas desabafassem? A perversidade da mãe as entristeceu profunda e imensamente. Tinham, pois, motivo; e, sendo a mãe a mandante do assassinato, natural que cessassem de amá-la. Não se pode obrigar alguém a ter determinado sentimento.

Não se tratava, porém, de amar os pais, e sim honrá-los, conforme dispõe o quinto mandamento. Honrar os pais, independentemente das circunstâncias, "em reconhecimento e com gratidão, pois foram eles que o trouxeram a este mundo"[277]. A despeito do que aconteceu e do que viesse a acontecer, a ré continuaria a ser mãe; a única que elas teriam. Apequenar a

---

[277] PANIRI, Moshe. *Muitos anos de vida: leis e condutas sobre como honrar os pais*. São Paulo: Sêfer, 2007, p. 33.

mãe, transformando-a em tão somente "mãe biológica" ou "mãe de sangue", implicaria afastá-la ainda mais das filhas. Seitas fazem isso; e a Justiça não é uma seita.

O promotor de justiça, então, para indignação de muitos e espanto de todos, não arrolou as filhas da ré como testemunhas, não aceitando que elas amaldiçoassem a própria mãe no tribunal[278]. Recusou seus depoimentos, mesmo com o inquestionável peso que teriam no julgamento.

O FILHO REBELDE

Problemas de alcoolismo sempre existiram; e são muitas as piadas e os causos de bêbados em velório, igreja, cemitério, bares etc., a demonstrar que sempre houve uma certa compreensão ou tolerância com os indivíduos que exageravam na bebida, tornando-se inconvenientes, desde que não descambassem para a violência. Quando muito, eram enxotados do bar. Alguns despertavam sentimento de dó ou piedade. "Um pobre coitado", diziam. No interior, era até comum bêbado "pousar", como se falava por aquelas bandas, na cadeia pública da cidade, porque sua moradia ficava longe, ou se fazia mais prático, ou para não enfrentar a fúria da mulher, que poderia não o deixar entrar na casa naquele estado de completa embriaguez. Pernoitava lá, na cadeia; depois, de manhã, o delegado ou o policial que

---

[278] Cf., a título de exemplificação, as seguintes citações jurídicas na Bíblia: "E aquele que maldisser a seu pai ou a sua mãe, certamente será morto" (Ex 21,17); "Porque o homem que amaldiçoar a seu pai e a sua mãe será morto" (Lv 20,19); "Maldito aquele que desprezar a seu pai ou a sua mãe..." (Dt 27,16).

estivesse de plantão, abria a carceragem, mandando-o de volta para casa. Algumas vezes, a polícia levava o bebum para casa. Tempos idos.

Atualmente, jovens entregues ao crime e ao vício das drogas possuem o tipo de temperamento mais indesejável: fácil de se encolerizar e difícil de se pacificar[279]. Consideram a eventual chatice ou inconveniência dos bêbados uma ofensa; e, ofendidos, dão vazão a uma impulsividade emocional violenta e descontrolada. Foi o que aconteceu. Um desses jovens adictos encontrou um desses bêbados — chato, mas incapaz de machucar alguém. Desaforo de cá, desaforo de lá, o jovem matou o alcoólatra — um senhor que passava dos 50 anos —, desferindo nele três golpes de faca, dois nas costas e um no peito, próximo ao coração.

O pai do jovem, assim que ficou sabendo do acontecido, foi à delegacia, onde declarou: "[...] que se faz presente espontaneamente para delatar o filho por envolvimento em um crime recente. Encontrou com sua ex-esposa, e tão logo começaram a conversar, ela disse a seguinte frase: 'Olha, seu filho aprontou de novo!'. Que então ela disse que ele (seu filho) havia dado umas facadas e matado [...]". E quando perguntaram ao pai do jovem o motivo pelo qual estava delatando o próprio filho, respondeu: "Está fazendo isso pelo fato do filho ser muito perigoso, e já ter se envolvido em vários crimes. Além disso, ele (seu filho) o ameaçou de morte, ao saber que havia atrasado a pensão da mãe. Sua própria ex-esposa lhe pediu para tomar cuidado, porque o filho reiterou as ameaças, dizendo a ela: 'O dia dele (pai) está chegando'. Que assim deseja que o filho seja preso, e pague pelo que fez com a vítima, e se arrependa

---

[279] Ética dos Pais 5,14.

do que vem fazendo antes que seja tarde. O filho é usuário e está envolvido no tráfico de drogas, e uma irmã lhe contou que viu na casa dele vários pacotes de maconha e também uma balança de precisão".

O promotor de justiça conhecia o quinto mandamento: "Honrar os pais". Mas, nesse caso, não era o filho que acusava o pai, e sim o pai que incriminava o filho. O mandamento, então, não se aplicava à situação. Pelo menos aparentemente. E essa declaração do pai sobre o filho valia mais do que uma testemunha ocular; mais do que encontrar o assassino com as mãos sujas de sangue. Supria qualquer falta de prova do crime. Corrigia todos os defeitos ou falhas, acaso existentes, da investigação. Preenchia qualquer lacuna. Equivalia, pois, a uma sentença condenatória.

No dia do julgamento, o promotor de justiça perguntava-se: "O depoimento do pai apontando o dedo para o filho, como um mal a ser isolado, diz mais sobre o próprio depoente (o pai) ou sobre quem ele acusou (o filho)? O pai queria um filho ajuizado ou o filho é quem precisava de um pai melhor? Antes revela o pai que não fora ou o que seu filho é? Em que medida se manifestava a iniquidade do pai na má conduta do filho desnaturado?". Talvez um abraço na criança ou um elogio por uma boa ação, fizesse toda a diferença lá na frente. A diferença entre virar uma pessoa íntegra ou um perverso.

Descartou assim o uso do depoimento. Réu confesso, o jovem estava preso havia quatro anos; mais cedo ou mais tarde cumpriria a pena, sendo solto; e o processo acabaria. Mas o vínculo com o pai é para sempre. Fizesse do pai o algoz do filho, alimentando o ódio que este sentia por aquele, colocaria o promotor de justiça um obstáculo na frente do cego[280], em benefício próprio; se prestaria a instigar ou ser cúmplice do jovem na desonra ao pai.

Mutação

O rapaz estava com a namorada num bar, quando um conhecido seu pediu o telefone emprestado para fazer uma ligação. Solícito, emprestou o telefone ao tal conhecido, que ligou para uma lanchonete, pedindo a entrega de lanche. Quando o motoboy chegou nas imediações com a comida, esse conhecido do rapaz, juntamente com dois comparsas, matou a tiros o entregador. Era uma emboscada. O rapaz jamais suspeitara do conhecido nem de suas intenções, até porque "para uma natureza imatura e essencialmente honesta e humana, as insinuações antecipadas de um perigo mais sutil que possa vir de outro chegam com atraso, quando chegam"[281].

Iniciada a investigação, o sigilo telefônico da lanchonete foi quebrado e rastrearam as ligações. Pelo histórico de chamadas, verificou-se que a ligação para o motoboy, atraindo-o para a armadilha, partiu do telefone do rapaz. Rastrearam, então, a movimentação do rapaz, constatando que ele, no momento do assassinato, estava bem próximo do local. Diante disso, foi decretada, de imediato, a sua prisão.

Ao ser interrogado, o rapaz, incapaz de expressar seus sentimentos, teria se mostrado passivo, brando, dócil até, não

---

280 Lv 19,14.
281 MELVILLE, Herman. *Billy Budd, marinheiro.* Porto Alegre: L&PM, 2005, p. 88.

protestando com veemência contra a acusação que lhe era feita. Nenhum gesto de revolta, nenhuma emoção exprimida. Atitude que, para os policiais, não combinava com a de um inocente; e, na interpretação deles, constituía uma "prova involuntária de culpa"[282], sacramentando a participação do rapaz no assassinato. A partir daí, o rapaz foi tratado como culpado, e não como um suspeito.

O rapaz estava preso há um bom tempo, quando seu advogado, um homem de meia-idade, procurou o promotor de justiça responsável pela acusação para falar sobre o caso. O advogado não tinha boa reputação na comarca. Já havia sido preso por se apropriar do dinheiro de clientes. Trajava ternos antigos e desbotados. O colarinho puído das camisas e a largura exagerada das gravatas que usava tinham sido incorporados à sua personalidade. Era motivo de chacota para os servidores e de enfado para os juízes, que o tratavam com habitual rispidez e má vontade. Os policiais, sobretudo os mais novos, o hostilizavam, porque diziam que ele, o advogado, subornara antigos escrivães, investigadores e até delegados. Os próprios colegas do advogado não o respeitavam. Não nutriam por ele a mínima consideração, até porque o advogado fazia amiúde perguntas às testemunhas que, em vez de ajudar, prejudicavam ainda mais a situação dos réus que defendia; e, às vezes, quando o advogado levava ou acompanhava um cliente à delegacia, o cliente era preso na sua frente. Os outros advogados escarneciam dessa ingenuidade, classificando-a como incompetência. Preferiam, achando mais digno, combinar a prisão de seus clientes com o delegado de polícia, para

---

[282] Idem, p. 101.

que se ausentassem na hora — se a prisão era inevitável, que se desse longe da vista de seus patronos.

Talvez, por tudo isso, o advogado estava mais próximo e ocupava-se das pessoas mais marginalizadas e vulneráveis, que, por falta de opção, não tinham a quem recorrer. Por essa razão, o promotor de justiça escutou-o com atenção e cortesia, vendo nele sincera crença na inocência do rapaz; requereu assim que lhe enviassem os autos judiciais, fazendo uma análise crítica e analítica do caso; ouviu também os pais do rapaz, trazidos pelo advogado. Tivesse o advogado fama e influência, o promotor de justiça ficaria prevenido contra a causa, não lhe dispensando tamanha boa vontade.

Do apurado, o promotor de justiça convenceu-se pela inexistência de indícios suficientes para incriminar o rapaz, cuja versão lhe pareceu plausível, elucidando o crime e seus pormenores; o rapaz não caiu em contradição; disse o nome das pessoas a quem devia ser imputado o assassinato, e se com elas esteve antes ou depois do ocorrido. Após o crime, não se desfez do chip do celular — um indício de que nada tinha a esconder.

Na audiência, o advogado havia deixado o caso — por alguma razão, os pais do rapaz o trocaram por outro defensor, que, embora prestigiado em seu meio, largou-os na mão. O novo advogado faltou à audiência, porque não recebeu os honorários; e, diante da sua ausência, permaneceria preso o rapaz. Mas o promotor de justiça, persuadido de antemão pelo advogado substituído, pediu a soltura.

A vida seguiu. Crimes continuaram ocorrendo, e pessoas sendo acusadas de praticá-los. Também não mudou a clientela — os desvalidos de sempre — do pobre advogado, que dava a todos e à "pessoa toda"[283] o benefício da dúvida, apesar de levar calotes com frequência ou receber pelos serviços prestados uma mixaria. Tal como Jó, nunca afugentava estranhos ou fechava as portas a um andarilho ou forasteiro[284]; estava sua casa sempre plenamente aberta e acolhedora[285].

E o promotor de justiça, ao vê-lo nos corredores do fórum, confrontava em pensamento suas próprias origens, dificuldades e — por fim — ações com as dele, a do advogado, dizendo-lhe, sem qualquer intenção de lisonja: "mais justo é você do que eu"[286]. No entanto, "o verdadeiro evangelho estava menos em sua língua do que em sua expressão e no modo como o tratou"[287], adiantando-se o promotor de justiça em saudar o advogado[288], para o cumprimentar primeiro, "com um sorriso caloroso"[289].

Antes desprezado, o advogado, em virtude dessa manifestação de gentileza e apreço, querendo se fazer digno dela, e para justificá-la, tornou-se realmente uma pessoa justa com o passar dos anos.

---

283 Conhecer inteiramente a pessoa e sua história inteira antes de julgá-la.
284 Jó 31,32. O livro de Jó integra o Antigo Testamento.
285 Ética dos Pais 1,5.
286 Gn 38,26. Judá, filho de Jacó, engravidou Tamar, sua nora, que se fingiu de prostituta para deitar-se com ele; e, quando Tamar foi acusada de prostituição por estar grávida, cuja pena era o apedrejamento, para se defender não delatou Judá, que disse: "Ela é mais justa do que eu".
287 MELVILLE, Herman. *Billy Budd, marinheiro*. Porto Alegre: L&PM, 2005, p. 122.
288 Ética dos Pais 4,20.
289 BUNIM, Irving M. *A ética do Sinai: ensinamentos dos sábios do Talmud*. São Paulo: Sêfer, 2001, p. 267.

PARTE TRÊS : RETORNO

METANOIA

A verdadeira "espiritualidade" se reflete no modo como lidamos com as coisas diante das circunstâncias inesperadas e desconfortáveis, independentemente do sistema de regras que adotamos.

(JIM KNIPFEL[290])

Era uma vez um jovem que nasceu e cresceu em uma grande cidade — uma metrópole, onde graduou-se em Direito. Aprovado no concurso público para promotor de justiça, foi trabalhar no interior do país, onde se casou, teve filhos, levou uma vida pacata com a esposa, sem tribulações, e viveram felizes para sempre. Só que não! Sua mulher tinha parentes na política local; e, como promotor de justiça, tudo o que ele fazia levava a mácula da suspeição. Qualquer ação que promovia ou ato que praticava era recebido com desconfiança, como se tivesse um interesse qualquer por trás, para beneficiar, por afinidade, algum parente da esposa. Quem era por ele processado dizia-se perseguido. Se o processo andava devagar, supunham que havia dedo dele ali, para proteger os réus; e quando o processo retomava o curso normal ou avançava rápido demais, acusavam-no de interferência, para ajudar os adversários dos réus. Desse jeito (atacado por associação), arremessava-se a suspeita contra o promotor de justiça como uma peteca ao ar, e era impulsionada, tanto de um lado, como de outro, no intuito de desviar a atenção dos crimes das pes-

---

290 KNIPFEL, Jim. *A arte de ser desagradável.* Rio de Janeiro: Bertrand Brasil, 2011, p. 9.

soas que ele processava — suspeita impelida e sobretudo compartilhada: difamação ouvida, difamação repetida, sem o que a mente do caluniador não sossega. Os acusados e seus advogados nunca enxergavam honestidade na intenção do promotor de justiça, que fiscalizava o Poder porque era esse seu trabalho. Tampouco lhe concediam o benefício da dúvida. De nada valiam as provas e a gravidade do delito imputado aos processados. Muito menos a equidistância de todos os políticos mantida pelo promotor de justiça, que tinha assim sua isenção sempre contestada.

Na defensiva, o promotor de justiça, tal qual a personagem antissocial Jonathan Noel do romance *A pomba*, "[...] tirou de todos esses acontecimentos a conclusão de que não podia confiar no ser humano e de que só poderia viver em paz mantendo-se afastado dele"[291]. Estabeleceu, então, limites, ou melhor, verdadeiras muralhas, privando-se de tudo, para que não lançassem a mais ínfima suspeita sobre seus atos: desdobrava-se em cuidados, evitando festas, congraçamentos e até encontros casuais. Insulado, sua convivência social restringia-se às solenidades oficiais — estabelecidas pelas exigências do cargo. Não havia juiz mais diligente e rigoroso de seu proceder que ele próprio, a fim de não comprometerem ou esbulharem a sua reputação. Inclusive refugiara-se — mais por apuro do que vocação — na promotoria do júri, lidando com crimes de homicídio, com o intuito de se esquivar de situações que pudessem levantar desconfianças sobre sua conduta. De nada adiantou. Diziam que tal ou qual político tinha um agente infiltrado na Promotoria de Justiça; e a sus-

---

[291] SUSKIND, Patrick. *A pomba*, Rio de Janeiro: Record, 1987, p.8.

peita, antes restrita aos seus atos, estendeu-se para os de seus colegas de trabalho, os outros promotores de justiça, como se o que esses fizessem fosse obra sua. A toda ação de seus pares, recaía sempre sobre ele a reação oposta dos processados e contrariados, que, alegando perseguição, sentenciavam: "É a voz de Jacó, mas as mãos parecem as de Esaú"[292].

Dessa maneira, o promotor de justiça continuou sob o jugo de maldizentes juízos alheios. Ainda mais porque, na costumeira ausência de seus colegas, cabia-lhe substituí-los, sendo qualquer ato seu que desagradasse alguém recebido com desconfiança. Suas ações e palavras nasciam com a mancha do pecado original. Pecado cuja origem era o cargo ocupado — agravado pelo casamento com uma "filha da terra". Os únicos períodos em que se viu livre de mexericos e calúnias aconteceram quando ocupou, por alguns anos, cargos fora da comarca. Ah! Como era bom trabalhar liberto dos fuxicos e falas maldosas! Que nostalgia! Não passou, porém, de um armistício. Ao retornar, a futrica voltou, com mais força; como se represada, tendo seu regresso aberto as comportas da aleivosia. Talvez fosse apenas uma impressão, desacostumado com a suspeita pela ausência temporária na comarca. Em todo caso, recidiva a suspeita, involuntariamente, e outra vez, viu-se enredado e usado no jogo político, do qual queria a máxima distância possível. A suspeição incessante de uns alimentava a dos outros; e, superpostas as suspeitas, tal qual duas ondas que se superpõem e uma reforça a outra, somando-se e ampliando os efeitos, parecia que o promotor de justiça se afogaria num mar de desconfiança.

---

292 Referência ao episódio bíblico em que Jacó se passa por Esaú para obter a benção de Isaque (Gn 27,22).

Daí, poderia supor o(a) leitor(a), com razão, que se tornou ele, o promotor de justiça, (i) um anacoreta, isolando-se e amargando a melancolia do exílio pessoal forçado; ou (ii) que se fez um temível inquisidor, com o propósito de afastar as infundadas desconfianças sobre ele e sua atuação, processando a todos, até pelos motivos mais banais e insignificantes, e assim granjeando inúmeros admiradores pela austeridade e inflexibilidade no cumprimento da lei — "doa a quem doer". Ou, ainda, (iii) que ele passou a ser dócil com seus detratores e severo com os demais — quem sabe assim fosse reputado isento pelos difamadores, conquistando a boa vontade deles.

Legítimas as suposições, caro(a) leitor(a), as quais se resumem, em seus fundamentos, a uma só: provar algo a alguém; e revelam o caminho mais curto e prático para satisfazer o ego de quem teve tão gravemente ferido o amor-próprio, proporcionando a consolação de que precisava. Todavia, descambando para qualquer um dos três caminhos, permaneceria no mesmo lugar: refém das más línguas. No fundo, estaria portando-se como um devedor, prestando contas a credor espúrio, que, ao menor sinal de contrariedade, anularia o benefício da dúvida precariamente concedido a ele, o promotor de justiça. A suspeita renasceria; não como fênix, das cinzas, mas do caráter imperfeito dos seres humanos em geral, e dos políticos em particular, que "— excetuados bem poucos — perdem o senso de moralidade e julgam que tudo lhes é lícito, para satisfação dos seus interesses e dos da sua grei"[293]. Aliás, vivenciou isso na prática.

---

293 MORAES, Evaristo de. *Reminiscências de um rábula criminalista*. Rio de Janeiro: Briguiet, 1989, p. 36.

PARTE TRÊS : RETORNO

Houve um dia que se planejou uma grande operação contra personagens políticas locais acusadas de desvio de dinheiro público. Os "alvos" eram os inimigos dos principais críticos e detratores do promotor de justiça, que, por conta disso, recebeu a seguinte sugestão dos colegas de ofício: "participe conosco da operação e dará uma prova cabal de imparcialidade. Sendo seus mais visíveis caluniadores os principais beneficiados com essa operação, porque opositores dos investigados, ninguém terá moral para desconfiar de você. Será um definitivo cala a boca neles!". Sem hesitar, o promotor de justiça não só participou da operação, como a capitaneou. Pediu e efetuou prisões. Realizou buscas nas casas dos investigados e os interrogou. Deu entrevista para jornais, rádios e televisão. E, sendo exitosa e propagandeada a operação, acreditou ter jogado uma pá de cal sobre a falta de confiança que lhe assacavam. Doce ilusão. O que era para ser o fim das falsas suspeitas levantadas contra ele não passou de uma breve e débil trégua. Quando esses mesmos críticos e detratores — favorecidos pela operação — discordaram de algum ato praticado ou alguma atitude tomada pelo promotor de justiça, voltaram à carga contra ele. Dizem que até se sentiram traídos (!), retomando a hostilidade com mais ímpeto e vigor. Algo já esperado: políticos "que se abraçavam efusivamente com as maiores mostras de amigos, vinham ao jornal denunciar-se uns aos outros"[294], prevenia Lima Barreto há mais de um século. Se o tivesse lido, o promotor não teria sido tão ingênuo.

Sem saber que caminho seguir, via-se em um labirinto. Perdido, não foi de repente, como se acometido por uma ilu-

---

294 BARRETO, Lima. *Recordações do escrivão Isaías Caminha*. São Paulo: Companhia das Letras, 2010, p. 209.

minação súbita, tal como tivesse passado por uma experiência místico-espiritual, própria de conversões religiosas — nem ele acreditava nisso —, que achou a saída. Demorou a encontrá-la. A tomada de consciência deu-se gradual, sutil e vagarosamente — muito devagar. Fez exame de consciência; um balanço de seus atos, palavras e pensamentos. Apreensivo, refletia; refletindo, sofria; e, padecendo, compreendeu com o tempo que se "a suspeita é a tênia do espírito; não perece enquanto lhe resta a cabeça"[295]. Para matá-la, não lhe convinha sair por aí com um martelo ou marreta golpeando a cabeça dos outros. Seria impróprio processar quem quer que fosse toda vez que se sentisse injuriado. Tinha primeiro que matar a suspeita na sua própria cabeça.

Promotores de justiça também deixavam-se dominar por suspeitas pouco fundamentadas. Desconfiavam, por necessidade e exigências do cargo, da própria sombra. Precipitavam-se às ilações antes de apurar os fatos. Com frequência, investigações miravam amigos, filhos e parentes dos investigados, para muito além das hipóteses de nepotismo. Caso, por exemplo, aparecesse o telefone de um investigado, ou do cônjuge desse, na agenda de outro, presumiam que havia fortes vínculos pessoais aí, forjados por interesses escusos. Não um mero indício, e sim uma prova concreta de amizade íntima e compadrio. Um conluio. Nem o juiz estava a salvo da suspeita dos investigadores; se o magistrado não acolhesse os pedidos de prisão ou quebras de sigilo, questionavam a sua imparcialidade e diziam que não inspirava mais confiança. Enfim, a mesma suspeita era empregada por investigadores e investi-

---

295 ASSIS, Machado de. *Helena*. Rio de Janeiro: Garnier, 2003, p. 140.

gados. Com uma diferença: o que para uns fundamentava a acusação, para os outros prestavam-se a desqualificá-la; no mais, igual desconfiança, suprindo a — suspeita — eventual falta de provas.

Falsa equivalência, objetavam os indignados colegas do promotor de justiça contra a comparação: "É diferente! Ou melhor, somos diferentes! O que nos move é o interesse público, enquanto os investigados agem por interesse próprio quando lançam suspeitas. Eles desviam a atenção dos seus crimes, colocando-a sobre quem os acusa, para se safarem das acusações. Ainda por cima fazem isso sem pudor. A toda hora. O que para os investigados é a regra (um comportamento padrão), para nós é exceção!".

Apesar de plausíveis os argumentos, o promotor de justiça não se convencia, ponderando: não vinha ao caso o uso mais assíduo da suspeita pelos acusados do que pelos acusadores; se devemos nos pautar por um alto padrão de exigência no tocante à prova, é de pouca valia essa comparação para nós; e "quem é fiel nas coisas mínimas, é fiel também no muito, e quem é iníquo no mínimo, é iníquo também no muito"[296].

Viu que a suspeita generalizada e infundada é antes uma patologia difusa do que uma doença endêmica peculiar a determinados indivíduos ou grupos; e não consiste num pecado — ou, se preferirem, prerrogativa — de classe, categoria, partido político ou conjunto de pessoas. Atinge a todos. A suspeita, enfim, trata-se de uma moléstia do espírito, beira uma espécie de demência.

Alcançando todo mundo, cabia perquirir a causa comum da suspeita sem fundamento, para descobrir a lei moral que a

---

[296] Lc 16,10.

rege. A causa estava ali, na sua frente, mas custou a enxergar: a maledicência — definida "como informação depreciativa ou potencialmente danosa"[297]. Ou seja, "falar dos outros (mesmo que seja verdade) com o intuito de difamá-los — ou mesmo que não seja este o intuito, mas seja este o resultado — é uma das mais sérias ofensas possíveis"[298]. Elucidada a causa, descortinou-se a lei aplicável a esse fenômeno, que destrói a reputação de uma pessoa, descrevendo-o com precisão: prejudica as pessoas sobre as quais lançaram a suspeita; causa danos às que ouviram ou, de alguma forma, dela tomaram conhecimento; e, como um bumerangue, retorna a quem arremessou a suspeita, também o prejudicando. Não é à toa que defesas ou acusações baseadas em desconfianças e teorias da conspiração são temerárias; suspeitas são os mais frágeis elementos de convicção.

Dessa maneira, a paz que tanto buscava exigia, de fato, fronteiras, mas não as que o obrigavam a uma vida monástica ou ao duro cumprimento da lei, e sim fronteiras nas quais

> sabemos o que podemos fazer e o que não podemos fazer [...] uma ideia clara do que é adequado e do que não é, o que é permitido e o que não é; o que é certo e que não é errado. A moralidade é a fronteira que nos faz o que somos[299].

Sendo a moralidade a fronteira, a sociedade antes de dividir-se entre direita e esquerda, conservadores e liberais, reacionários e progressistas, reparte-se entre os que se guiam em primeiro lugar pelas obrigações e aqueles que se orientam e

---

297 CHAIM, Chafets. *Uma lição a cada dia*. São Paulo: Maayanot, 1998, p. 2.
298 BELKIN, Samuel. *A filosofia do Talmud*. São Paulo: Sêfer, 2003, p. 140.
299 FRIEDMAN, Manis. *Será que ninguém mais se envergonha*. São Paulo: Maayanot, 2012, p. 21.

se conduzem pelos direitos[300]. E apenas a primeira (sociedade guiada pelas obrigações) é capaz de estabelecer fronteiras — não é de todo sem razão quem diz: "todo mundo só quer saber e prioriza a exigência de direitos, mas ninguém se importa com os próprios deveres". Por consequência, a solução do problema, pelo menos o início dela, não estava nos outros, mas em si mesmo, na sua reação à maledicência. Qual reação?

Sabendo o quanto apreciava ser respeitado e considerado, ou seja, o valor do respeito e consideração, que pusesse tal valor em prática, concretizando-o na vida real, independentemente da atitude dos outros[301]. Se sabia o valor do respeito, então que respeitasse os outros; se a consideração era essencial, então que a demonstrasse. Tratar com consideração e respeito os outros não exige reciprocidade:

> Uma pessoa respeitosa não é alguém que pode respeitar somente gênios, os santos ou profetas. Ele ou ela tem a capacidade de respeitar todo mundo [...] você tem capacidade de respeitar? Então, você a está guardando para quem? Para pessoas que já são tão maravilhosas e impressionantes que se fazem respeitar por todos? Pessoas que não precisam do seu respeito?[302]

Em suma, "honrado é aquele que honra os seus semelhantes"[303].

---

300 Sobre a diferença entre sociedades guiadas por direitos e as pelas obrigações, cf. o tópico "Você não deve ficar indiferente" em TELUSHKIN, Rabino Joseph. *O livro dos valores judaicos: um guia diário para uma vida ética*. São Paulo: Virgiliae, 2015, pp. 510-1.
301 FRIEDMAN, Manis. *Será que ninguém mais se envergonha?* São Paulo: Maayanot, 2012, p. 59.
302 Idem, pp. 59-60.
303 Ética dos pais (Pirkei Avot) 4,4.

Escada

Os três réus por assassinato estavam na cena do crime. Disso ninguém duvidava. Era fato provado e incontroverso. Inclusive um deles confessara ter dado um golpe com uma enxada na cabeça da vítima, mas a participação dos outros dois no homicídio não se achava muito bem definida. Sabia-se que os três andaram juntos — antes e depois do crime; e, ao serem interrogados, como cada um não quis comprometer os demais, mentiram. Ponto em que foram pegos — promotor de justiça não perdoa: quando isso acontece, serve-se da mentira e contradições incorridas pelos réus para apanhá-los. E nada irrita mais um promotor de justiça que uma mentira descarada. Pensa: "quer enganar quem com essa conversa fiada? Está me achando com cara de otário?". Por falar nisso (réu mentiroso), houve ocasiões, não poucas, em que o promotor chegou ao tribunal disposto ou decidido pela absolvição; o réu, porém, mentiu tanto, ou ficou em silêncio, que o fez mudar de ideia. Pediu assim a condenação dos três acusados: o réu confesso e os outros dois que estavam com ele. Após, a defesa teve a palavra, protestando pela inocência dos dois parceiros do que havia confessado.

Terminados os debates entre a acusação e a defesa, os sete jurados, que formam o Conselho de Sentença, reuniram-se na sala secreta, onde decidiriam o destino do réu. Receberam dois papéis cartonados, um com a palavra "não" escrita e outro com a palavra "sim". Depois, colocaram a resposta num saquinho de algodão, que faz as vezes de urna, à medida que respondiam às perguntas feita pelo juiz sobre a culpa ou inocência dos réus e as circunstâncias do crime. Nesse momento,

PARTE TRÊS : RETORNO

o promotor de justiça sempre ficava por demais desapontado, decepcionado e até com certa zanga dos jurados, caso rejeitassem suas teses e pedidos de condenação. Para ele, achar os réus culpados equiparava-se a afirmar categoricamente a culpa. Suposição mais que satisfatória para condená-los, mesmo quando algumas evidências apontavam em sentido contrário ou a versão absolutória do crime de seu oponente — e contrária à sua — resumiam-se a uma questão igualmente plausível de opinião ou ponto de vista.

Desta vez, antes mesmo do veredito, o promotor de justiça questionava sua atitude de pedir a punição de todos os réus. Ponderava qual teria sido, de fato, a participação dos dois que acompanhavam o executor do crime; e indagava-se: mentir equivale a uma confissão de culpa? Dir-se-ia que até desejava a absolvição; torcia para que os jurados inocentassem esses dois réus. Já se satisfazia só com a punição do outro, o réu confesso do homicídio; era suficiente para o crime não ficar impune. Mas as incisivas palavras acusatórias que ele — o próprio promotor de justiça — externou, durante o julgamento, contra todos os réus, prevaleceram sobre seu intempestivo e secreto pensamento pela absolvição.

Condenados os três réus a doze anos de prisão, o promotor de justiça passou os dias e as semanas seguintes a conversar e discutir o caso muitas vezes com diversas pessoas, procurando apoio para seu pedido de condenação. Na realidade, buscava um conforto moral. Seu desassossego era tão obsessivo e visível que virou motivo de chacota entre os colegas, até porque não era a primeira vez que isso acontecia: "os réus cometem os crimes e o promotor de justiça é quem fica com crise de consciência?", diziam, caçoando. Esse sofrimento vinha de longa data, e aprendeu com ele. Não eram apenas os réus que ansiavam por absolvição, o promotor de justiça, considerando-se um perverso, apesar de todos dizerem que era justo[304], também almejava a sua; uma absolvição moral, pelos crimes que atribuía a si próprio — crimes pelas graves consequências infligidas aos seus semelhantes e que se manifestavam nele travestidos de pecados veniais: vaidade, soberba, raiva, entre outros.

Doravante, então, se condenados os réus, não daria importância exagerada a si próprio pelo êxito alcançado, atribuindo todo o mérito e o sucesso às provas existentes no processo: "qualquer outra pessoa em seu lugar, uma vez que lhe fossem oferecidas as mesmas oportunidades, talvez pudesse ser mais competente em seu papel"[305]; se absolvidos os réus, o promotor de justiça, antes de atacar e maldizer a decisão, reputando-a iníqua, tentaria entendê-la; talvez alguma circunstância, pormenor ou erro de raciocínio lhe tenha escapado. Encontrando-o, até louvaria o desfecho aparentemente desfavorável que o impedira de ser injusto. Agora, *não se fiaria apenas em seu próprio entendimento*[306], advertido que estava "de que, se por orgulho ou arrogância, confiarmos demasiado em nosso entendimento, raciocínio ou inteligência, podemos ser traídos"[307]. Não era, pois, o caso de ficar frustrado ou com raiva: a escolha dos jurados não significava uma rejeição pessoal a ele, promotor de justiça. Depois de muitíssimos anos e julga-

---

[304] Cf. Talmud em Nidá 30b.

[305] WEITMAN, Rabino David T. *A arte de ser mais gente: aperfeiçoando nosso caráter.* São Paulo: Maayanot. 2009, p. 169.

[306] Ética dos Pais 4,18.

[307] BUNIM, Irving M. *A ética do Sinai: ensinamentos dos sábios do Talmud.* São Paulo: Sêfer, 2001, p. 262.

mentos — sempre com orgulho desenfreado —, e compreendendo que "tudo era vaidade e aflição de espírito"[308], parecia ter conseguido controlar o excesso de amor-próprio.

Todavia, tão logo levantou os olhos e viu a Terra da Promissão — uma vida laboral nova, plena e cheia de júbilo —, saiu sua aposentadoria. Deixou o tribunal, para nunca lá voltar. Por um lado, sentia-se contente com a dispensa remunerada do trabalho; por outro, amargurado: não entrou na terra prometida. Perguntava-se: "De que adianta o arrependimento por me deixar cair em tantas tentações, se não terei oportunidade de agir diferente? De que valem o conhecimento e a experiência adquiridos, se não poderei colocá-los em prática, para corrigir ou compensar minhas falhas? Enfim, como emendarei meus erros, estando aposentado?". Mas a sua missão não havia terminado, trabalhar nossos traços de caráter, aprimorá-los, "pode levar toda uma vida"[309].

---

308 Ecl 1,14.
309 DICHI, Rabino Isaac. *Íntegro*. São Paulo: Congregação Mekor Haim. 2018, pp. 180-1.

REFERÊNCIAS

ABREU, Allan. A Escolinha de Tony & Juca Bala: As lições de dois doleiros que cuidaram do propinoduto de Sérgio Cabral. *Revista Piauí*. Edição 147, dez. 2018. Disponível em: https://piaui.folha.uol.com.br/materia/escolinha-de-tony-juca-bala/. Acessado em: 30 maio 2023.

ACCIOLY, Dante. Garoto morre espancado. *Correio Braziliense*. Brasília, 3 fev. 2002.

AKIVA TATZ, Rabino Dr. *Guia do adolescente*. São Paulo: Associação Beneficente e Cultural Makom, 2021.

ALEICHEM, Scholem. *Tévye, o leiteiro*. São Paulo: Via Lettera, 2012.

ANDRADE, Ricardo Rangel. Pai. Disponível em: https://jornalggn.com.br/cronica/pai-por-ricardo-rangel-de-andrade. Acessado em: 21 dez. 2023.

ASSIS, Machado de. *Helena*. Rio de Janeiro: Garnier, 2003.

_____. A sereníssima república. TEIXEIRA, Ivan (ed.). *Papéis Avulsos*. São Paulo: Martins Fontes, 2005.

_____. *Iaiá Garcia*. Rio de Janeiro: Garnier, 2005.

_____. Singular Ocorrência. SENNA, Marta de (ed.). *Histórias sem data*. São Paulo: Martins Fontes, 2005.

_____. A parasita azul. GUIMARÃES, Hélio de Seixas (ed.). *Histórias da meia-noite*. São Paulo: Martins Fontes, 2007.

_____. Aurora sem dia. GUIMARÃES, Hélio de Seixas (ed.). *Histórias da meia-noite*. São Paulo: Martins Fontes, 2007.

_____. *Quincas Borba*. 5. ed. Rio de Janeiro: Record, 2007.

_____. *Esaú e Jacó*. São Paulo: Companhia das Letras, 2012.

_____. *Memórias póstumas de Brás Cubas*. São Paulo: Carambaia, 2019.

_____. Ao acaso. *Diário do Rio de Janeiro*. Rio de Janeiro, 28 ago. 1864. In: MATOS, Miguel. *Código de Machado de Assis*, São Paulo: Migalhas, 2021.

AULETE, Caldas. *Novíssimo Aulete dicionário contemporâneo da língua portuguesa*. Rio de Janeiro: Lexikon, 2011.

BARRETO, Lima. *Recordações do escrivão Isaías Caminha*. São Paulo: Companhia das Letras, 2010.

_____. *Triste fim de Policarpo Quaresma*. São Paulo: Companhia das Letras, 2011.

_____. Como o homem chegou. *Diário do hospício; O cemitério dos vivos*. São Paulo: Companhia das Letras, 2017.

_____. Da minha cela. *Diário do hospício; O cemitério dos vivos*. São Paulo: Companhia das Letras, 2017.

BAZERMAN, Max; TENBRUNSEL, Ann. *Antiético, eu?* Rio de Janeiro: Elsevier, 2011.

BELKIN, Samuel. *A filosofia do Talmud*. São Paulo: Sêfer, 2003.

BELLOS, Alex. *Alex através do espelho*. São Paulo: Companhia das Letras, 2015.

BERNANOS, Georges. *Diário de um pároco de aldeia*. Campinas: Sétimo Selo, 2021.

BIDEN, Hunter. *As coisas boas da vida: memórias sobre superação de perdas familiares e minha batalha contra drogas e álcool*. São Paulo: Seoman, 2022.

BRASIL. Decreto-Lei n. 2.848, de 07 de dezembro de 1940. Código Penal. Disponível em: https://www.planalto.gov.br/ccivil_03/decreto-lei/del2848compilado.htm. Acessado em: 21 dez. 2023.

_____. Decreto-Lei n. 3.689, de 03 de outubro de 1941. Código de Processo Penal. Disponível em: https://www.planalto.gov.br/ccivil_03/decreto-lei/Del3689.htm Acessado em: 21 dez. 2023.

_____. Lei n. 7.210, de 11 de julho de 1984. Institui a Lei de Execução Penal. Disponível em: https://www.planalto.gov.br/ccivil_03/leis/L7210compilado.htm. Acessado em: 21 dez. 2023.

_____. Lei n. 8.069, de 13 de julho de 1990. Dispõe sobre o Estatuto da Criança e do Adolescente e dá outras providências. Disponível em: https://www.planalto.gov.br/ccivil_03/leis/L8069compilado.htm. Acessado em: 21 dez. 2023.

_____. Lei n. 8.072, de 25 de julho de 1990. Dispõe sobre os crimes hediondos, nos termos do art. 5º, inciso XLIII, da Constituição Federal, e determina outras providências. Disponível em: https://www.planalto.gov.br/ccivil_03/leis/L8072compilada.htm. Acessado em: 21 dez. 2023.

BUNIM, Irving M. *A ética do Sinai: ensinamentos dos sábios do Talmud*. São Paulo: Sêfer, 2001, p. 256.

CHAIM, Chafets. *Uma lição a cada dia*. São Paulo: Maayanot, 1998.

CHURCHILL, Winston S. *Como cheguei ao poder*. Rio de Janeiro: Pocket Ouro, 2008.

COUTINHO, Emílio. *Escola Base*. São Paulo: Casa Flutuante, 2016.

DEUTSCH, David. *A essência da realidade*. São Paulo: Makron Books, 2000.

DIESENDRUCK, Rabino Menahem. *Sermões*. 2. ed. São Paulo: Perspectiva, 2011.

ELLENBERG, Jordan. *O poder do pensamento matemático*. Rio de Janeiro: Zahar, 2015.

FRIEDLÄNDER, Saul. *Pio XII e a Alemanha Nazi*. Portugal: Edições Tapir, 1967.

FRIEDMAN, Manis. *Será que ninguém mais se... envergonha*. São Paulo: Maayanot, 2012.

FÜHRER, Maximiliano Roberto Ernesto. *Código Penal comentado*. São Paulo: Malheiros, 2010.

GRECO FILHO, Vicente. *Manual de processo penal*. 10. ed. rev. e atual. São Paulo: Saraiva, 2013.

GROOPMAN, Jerome. *Como os médicos pensam*. São Paulo: Agir, 2008.

GRYLAK, Moshe. *Reflexões sobre a Torá*. São Paulo: Sêfer, 2015.

HEMPEL, Sandra. *O pó do herdeiro: uma história sobre envenenamento, assassinato e o início da ciência forense moderna.* Rio de Janeiro: Record, 2019.

ITARARÉ, Barão de. *Máximas e mínimas do Barão de Itararé.* Rio de Janeiro: Record, 1985.

KLIKSBERG, Bernardo. *Einstein: humanismo e judaísmo.* São Paulo: Maayanot, 2002.

KNIPFEL, Jim. *A arte de ser desagradável.* Rio de Janeiro: Bertrand Brasil, 2011.

KOHLER, Peter; SCHAEFER, Thomas. *O direito pelo avesso: uma antologia jurídica alternativa.* São Paulo: Martins Fontes, 2001.

KONINGS, Johan; GOMES, Rita Maria. *Marcos: o evangelho do reinado de Deus.* São Paulo: Edições Loyola, 2018.

KUSHNER, Harold. *Que tipo de pessoa você quer ser?* Rio de Janeiro: Sextante, 2004.

_____. *Quem precisa de Deus?* São Paulo: Arx, 2007.

LYRA, Roberto. *Como julgar, como defender e como acusar.* Belo Horizonte: Líder Editora, 2020.

MALCOLM, Janet. *Anatomia de um julgamento: Ifigênia em Forest Hills.* São Paulo: Companhia das Letras, 2012.

MANSO, Bruno Paes. *O homem X: uma reportagem sobre a alma do assassino de São Paulo.* Rio de Janeiro: Record, 2005.

MARZANO, Marco. *A casta dos castos: os padres, o sexo e o amor.* Lisboa: Livros Zigurate, 2023.

MATOS, Miguel. Código de Machado de Assis. São Paulo: Migalhas, 2021.

MELVILLE, Herman. *Billy Budd, marinheiro*. Porto Alegre: L&PM, 2005.

MENDES, Luiz Alberto. *Memórias de um sobrevivente*. São Paulo: Companhia das Letras, 2001.

_____. *Às cegas*. São Paulo: Companhia das Letras, 2015.

_____. *Confissões de um homem livre*. São Paulo: Companhia das Letras, 2015.

MORAES, Evaristo de. *Reminiscências de um rábula criminalista*. Rio de Janeiro: Briguiet, 1989.

NEVES, José Roberto de Castro. *Medida por medida: o direito em Shakespeare*. Rio de Janeiro: Edições de Janeiro, 2016, p. 123.

NOVINSKY, Anita Waingort. *Viver nos tempos da Inquisição*. São Paulo: Perspectiva, 2018.

_____. *A luta inglória do Padre Antônio Vieira*. São Paulo: LVM Editora, 2021.

PANIRI, Moshe. *Muitos anos de vida: leis e condutas sobre como honrar os pais*. São Paulo: Sêfer, 2007.

PELI, Pinchás H. *Torá hoje*. São Paulo: Sêfer, 2005.

PINÓQUIO. Direção: Hamilton Luske e Ben Sharpsteen. Estados Unidos: Walt Disney Productions, 1940.

PINTO, Rabino Samy. A delação premiada e o direito Talmúdico. Disponível em: https://www.migalhas.com.br/depeso/267711/a-delacao-premiada-e-o-direito-talmudico. Acessado em: 23 nov. 2021.

PORTUGAL. *Ordenações Manuelinas*, 1521, Livro 1, Título XII. Disponível em: https://www.mpsp.mp.br/memorial. Acessado em: 11 dez. 2023.

ROBINSON, Dave. *Ética no quotidiano*. Lisboa: Gradiva, 2019.

SACK, John. *Vietname: a chacina de Mylai*. Lisboa: Editorial Minerva, 1972.

SANTOS, João Francisco dos. *Memórias de Madame Satã*. São Paulo: Noir Editora, 2022.

SCHWARTZ, Harav Yoel. *As 7 leis universais*. São Paulo: Sêfer, 2010.

SEVERO, Jean Menezes de. "Violência sexual nos presídios: verdades e mitos". Disponível em: https://canalciencias-criminais.jusbrasil.com.br/artigos/296390401/violencia--sexual-nos-presidios-verdades-e-mitos. Acessado em: 25 dez. 2021.

SILVA, Deonísio da. *Ôrra, meu!: a língua nossa de cada dia*: *como ler, escrever e comunicar-se com elegância e simplicidade*. São Paulo: Edições 70, 2023.

STIEFELMANN, Rabino Avraham. *Decifrando os tesouros do Talmud*. São Paulo: Vox Editora, 2021.

STUMPF, Doug; SANTOS, Murilo dos. *Confissões de um engraxate em Wall Street*. Rio de Janeiro: Rocco, 2008.

SUMPTER, David. *As dez equações que regem o mundo*. Rio de Janeiro: Bertrand Brasil, 2021.

SUSKIND, Patrick. *A pomba*, Rio de Janeiro: Record, 1987.

SUZUKI JR., Matinas (Org.). *O livro das vidas: obituários do New York Times*. São Paulo: Companhia das Letras, 2008.

TELUSHKIN, Rabino Joseph. *O livro dos valores judaicos: um guia diário para uma vida ética*. São Paulo: Virgiliae, 2015.

THOMPSON. Hunter S. *Hell's Angels*. Porto Alegre: L&PM, 2011.

TOLSTÓI, Lev. *A sonata a Kreutzer*. São Paulo: Editora 34, 2010.

TWERSKI, Abraham J. *Façamos o homem*. São Paulo: Colel Torat Menachem, 1992.

_____. *Vencedores viciados: o vício não escolhe suas vítimas*. São Paulo: Maayanot, 2001.

_____. *De geração em geração: recordações pessoais de um legado chassídico*. São Paulo: Centro Judaico Bait, 2013.

VERMES, Geza. *Quem é quem na época de Jesus*. São Paulo: Record, 2008.

WASSERMANN, Jakob. *Etzel Andergast*. Campinas: Sétimo Selo, 2021.

_____. *O processo Maurizius*. Campinas: Sétimo Selo, 2021.

WEISS, Rabino Moshe Meir *et al*. *Uma vida com inspiração*. São Paulo: Associação Beneficente e Cultural Makom, 2014.

WEITMAN, Rabino Y. David. *A arte de ser mais gente: aperfeiçoando nosso caráter*. São Paulo: Maayanot, 2009.

_____. Antídotos para a ira e cólera: Manual Judaico com Rabino David Y. Weitman. YouTube. Disponível em: https://www.facebook.com/share/v/8zfFD5WdQaMfUMrX/?mibextid=iCjFHx. Acessado em: 24 jan. 2024.

FONTE Utopia Std
PAPEL Pólen Natural 80 g/m²
IMPRESSÃO Paym